图书 影视

识人的智慧

周路平 著

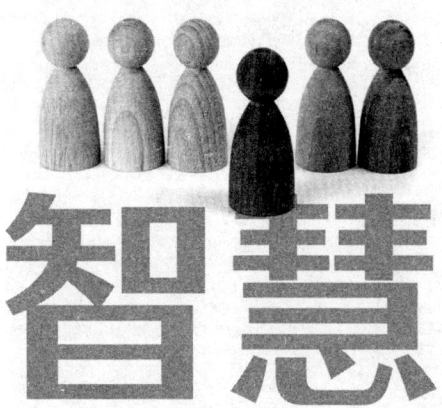

江苏凤凰文艺出版社
JIANGSU PHOENIX LITERATURE AND
ART PUBLISHING, LTD

目录

第一章
识人：分类搞定，建立你的管理模式　　001

第二章
管人：领导力法则，打造你的管理风格　　055

第三章
用人：高效运作，实现你的管理目标　　111

第四章
领人：关键对话，从优秀到卓越　　165

第一章
识人：分类搞定，建立你的管理模式

第一节　知己：你想成为什么样的管理者?

《道德经》里，对管理者有这样一段描述："太上，不知有之；其次，亲而誉之；其次，畏之；其次，侮之。信不足焉，有不信焉。悠兮，其贵言。功成事遂，百姓皆谓'我自然'。"什么意思呢？其实就是作为管理者，最好的状态是人民并不知道他的存在，稍差一点的状态是人民亲近他并且赞扬他，再差一点的状态就是人民害怕他，而最差的状态是，人民看不起他。好的管理者都平易近人，很少发号施令，当在他的带领下完成了一件任务时，老百姓不会意识到那是领导的功劳，反而觉得"我们本来就是这样的"。这段话，虽然是用来描述封建时代的王权统治，但不可否认，放在现在企业管理者的语境下，也同样适用。

很多人在学习管理知识前，认为管理就是对上能说会道，对下管好员工让他们认真工作，而在深入学习后，才了解管理是门系统的学问，成为一名好的管理者也并不是容易的事情。在成为管理者后，你的第一件事就是要弄明白，你想成为什么样的管理者。

不一样的管理者拥有不同的管理风格。什么是管理风格呢？简单而言就是管理者通过其团队文化或自身性格等呈现出来的不同的工作风格和方式。不同性格的管理者管理风格不同，不同文化下的管理者管理风格也不一样。比如我们国家企业的团队理念多关注人性化的一面，更侧重于"感性、情感"，而西方企业更偏重"工作"本身，侧重于"规则、理性"。当然过度偏重于一种风格的企业是有问题的，一家企业如果想获得良好而长远的发展，那就应该在这两种风格中寻找平衡点。

对管理者而言，一般存在四种管理风格：

1. 命令式风格

一般来说，命令式风格的管理者习惯根据个人风格和意志来指挥下属工作或团队任务。应该做什么、用什么样的方法做、什么时候来做、做到大概什么程度，管理者都有清晰的要求。他们在工作中的管理模式，简而言之就是"我说什么，你做什么"，常使用的管理方法就是通知、指示、管控等。

这种管理风格最为常见。此类型的管理者，在给下属分配任务时，总是使用不能被质疑的口吻，下达强制性命令。在这种逼迫下，尽管下属也会努力工作，但其创造力和主动性长期受到束缚和压迫，再优秀的员工也终究会离开。

2. 教练式风格

这类管理者倾向于通过双向或多向的方式和下属交流沟

通，其中包括倾听、鼓励、辅导、澄清和激励等积极行为。他们的管理行为模式是"我们一起讨论，但我来决定"，常使用的管理方法是解释、说服、澄清等。这种管理风格也较为常见，是上一种风格的弱化版本，缺点也同命令式的管理风格类似。

3. 团队式风格

这类管理者会给下属解释并说明任务情况，然后与下属一起完成工作任务，过程中注意观察下属的意见和想法，并不断鼓励下属。他们的管理行为模式是"我们探讨，我们决定"，常使用的管理方法包括参与、鼓励、合作和承诺等。

这种管理风格对管理者要求较高，需要管理者强势且理性，在团队讨论中，既可以有效听取员工的意见，但也不会被他们的意见左右，能够准确平衡公司和员工之间的利益，理性做出决定。相反，若管理者比较弱势，当下属众说纷纭、莫衷一是时，他下达的指示就会模棱两可、含糊其辞，看似民主的管理风格，有时反而会抑制员工的创造性和主动性。

4. 授权式风格

授权式风格的管理者通常更相信自己的员工，也更愿意给予下属充分的权力。他们在管理过程中多采用支持等积极行为，管理行为模式是"你来决定，你来做"。这是各种管理者中最成熟、最理想的一种管理风格。此类管理者,在处理与员工的关系时能够充分信赖员工。他们喜欢用十分知心但又不失认真的口吻向员工布置任务:"你的想法很好,我支持按照你的想法去做,但如果有什么新情况,也请及时告诉我,方便我们一起讨论对策。""这个方案很重要,你写的不错,我锦上添花再补充两点,你觉得怎么样?"

授权式管理的核心便是管人,在处理上下级关系时,关键在于互相信任。而上级对下级的信赖,处于主导地位,一个聪明的领导者,他不仅会充分信赖下属,还懂得怎样去信赖。

但也请务必记得,信赖不等于依赖,更不等于放任自流。拥有授权式管理风格的管理者,像好朋友一样,经常了解员工的工作进展情况,共同讨论解决方案,及时为员工提供帮助,也会指出他们的不足,从宏观和大局上控制和调整工作进程。

读到这里,你可以回顾自己过去的管理生涯,看看自己属于哪一类型的管理者,并梳理出优点和缺点,这样才能做出改变。那么如何才能做出改变呢?

先从做一个有效的管理者开始。

管理,是一切组织正常执行其功能的保障。无论在何种性质的组织活动中,都只有在管理者对它加以管理的条件下,才能按照要求进行。管理最重要的便是,为团队提供规则和方向,所有风格类型的形成其目的都是为了使团队更高效地运转,因此,可以从以下几点,来打造管理风格。

首先,作为一个管理者,应该熟悉并掌握各种技能,比如人际交往技能、概念技能和专业技能。尽管不同层级的管理者所需要掌握的技能不同,但专业技能却是最基础的。知其然并知其所以然,只有具备必需的专业知识,在管理下属时才能有准确的判断,在制定工作规划时才能张弛有度,在分配资源时才能合理有效,在大胆授权时才能做到心中有数。

其次,管理者应该具备快速做出最优决策的能力,并根据决策做出相应计划。做出正确的决策需要排除外界的噪音,努力做到时刻清醒而理智。但切记不要追求十全十美,注意把握全局,并在公司和员工利益之间做好权衡,当机立断。管理者做决策的能力越高,其他的各项能力就越强,对员工也有更好的掌控感,顺其自然便会形成授权式的管理风格。

最后,团队是管理者最大的武器。作为管理者,你需要让一个团队最大限度地高效地运转起来。你的每个员工都是这个团队的价值贡献者,你需要让他们意识到这一点,并且让他们体验感受到团队工作带来的成就感和挑战感。作为管理者，你需要通过及时且有效的沟通，来了解团队每个人的表面和内在需求，要么尽量满足，要么引导改变。总之一旦你和他们成为了朋友，也便掌握了他们的优缺点，在团队协作和工作分配时，也就能游刃有余地进行驾驭和支配。

　　管理不可能一蹴而成，需要不停地学习，不停地体会。通过这本书，你可以从系统的理论和案例分析中，学习怎样做是不对的，而怎样做又是最好的。路漫漫其修远兮，不断学习，不断提高，你终将赢得下属的信任。

第二节 如何定位你的管理层次？

在企业管理中，尤其是大型现代企业的管理中，管理层次是一个非常重要的管理概念。管理上的层次感是非常重要的，如果没有层次感，必然会沟通不畅、一通乱打，因此作为管理者必须层次分明，这样管理起来才能如鱼得水、举重若轻。

那么，为什么管理要分层次呢？

在管理学中，所谓管理层次，就是指一个企业里所设置的管理岗位的等级数量。一般初创业的企业是一个管理者来管理所有员工的活动，那此时就只有一个管理层次；而随着企业不断扩大形成一定规模时，所需的管理要求就会超出个人范围，为保持企业的高效运转，就必须增加新的管理层次，此时就会有两个或者三个管理层次。总之，企业越大，工作人员越多，管理层次也就越多。

在一般的企业中，管理层次通常分为基层、中级和高级三种。首先，我们来解决第一个问题，管理层次是如何划分的？作为管理者，想必各位都感同身受——自己所能管理的其实是非常有限的。因此，随着企业员工不断增加，管理层次也不断丰富。而且，管理的幅度与管理的层次是相对的，较大的幅度意味着较少的层次，较小的幅度意味着较多的层次。

从本质来讲，管理层次与管理任务的关系十分密切，也就是说，管理层次与管理任务的分配，即分工有关。企业的管理任务大体分为三类，即企业有前途、组织系统有效率和员工有成就。任务的复杂性及重要性程度不同，处理任务的优先性就不同，则要求员工掌握的能力水平也不同。

第十届诺贝尔经济学奖获得者赫伯特·西蒙说，企业的管理阶层是一个道义集团，且各类任务是否完成及如何完成，造成的后果及影响都是不同的，有的只影响个人及现实，有的则会影响到全局及未来。

因此，企业在管理上存在层级，即基层管理、中级管理和高级管理，并且需要形成自上而下的结构关系，内在保持统一。一个管理者，只有定位好自己的领导层次，明确自己的职责和能力，才能更好地扮演自己的管理角色。

基层管理者

所谓基层管理者，就是根据中级管理者制订的计划，带领自己的团队具体地去完成的管理者。简单而言，基层管理者的任务就是，确保任务顺利执行，并且自己的下属可以从中获得成就感。基层管理是中级管理和高级管理的基础，其区别于中层管理和高层管理的特点是以执行为主。

对于不同的管理者有不同的工作要求，对于基层管理者最重要的是以下三个基本技能要求。

首先，技术技能。技术技能是能对某一特殊活动，尤其是方法、技术等理解到位并熟练操作。作为基层管理者，必须熟练掌握这一能力，因为其工作就是管理"最前线"的技术生产的员工，如果不能明白技术技能，那么就不能获得团队成员的认可，也就无法进行管理。

其次，沟通技能。所谓沟通技能，就是交流表达和团队协作的能力。基层管理者需要创造良好的团队氛围，确保每位下属都能够在团队中自由地表达自己的个人观点，包括关于工作的也包括关于私人生活的。要想凝聚团队创造利益，那么管理者就必须具备领导、激励和沟通的能力。

最后，概念技能。概念技能是比较抽象的，需要宏观的审视和思考，需要以企业为整体，分析各部门间的联系与区别，了解自己的团队在企业中的优势与劣势，并发挥优势隐藏劣势。作为管理者，概念技能是比较高阶的技能，可以说是审时度势的能力。做好事情很重要，但做对事情更重要，因此对于管理者而言，概念技能也是非常重要的。

中级管理者

中级管理者，是指根据高级管理者的决策和计划，制订具体的执行计划并推动计划实施的管理者。作为中层管理者，其所具备的素质自然也包括技术技能、沟通技能和概念技能。只不过基层管理者需要熟知业务，并且依赖技术技能来完成任务；而对于中层管理者而言，与人互动沟通、建立合作关系所代表的人事与人际技能反而是工作的重点。作为基层和高层管理者的联系纽带，中层管理者必须掌握极强的人事和人际能力，对上沟通时既要获取新的指令，也要解决上级问题；对下传达时既要提供新的业务指导，也要及时鼓励基层士气。总的来说，就是要保持从高层管理者到基层管理者，信息通畅并且协同作战。

高级管理者

高级管理者，一个企业的灵魂人物，负责整个企业的资源分配以及业绩成败。一个高级管理者，承担着企业更高层面、更远层面的发展，因此其必须具有高素质和高能力，这样才能带领整个企业实现好的发展。

高级管理者所需的最重要的能力是沟通技能和概念技能，作为管理者，必须有自身的领导魅力，而沟通就是其树立威信、获得魅力的最好方式。在全员会议上，管理者需要通过利益和情感的双重纽带来和员工建立深刻的联系，让下属对管理者本人产生尊敬，甚至崇拜，对企业产生归属感。概念技能，包括抽象思考、分析判断，高级管理者需要做出很多关于企业未来发展的决策和计划，因此其必须具备宏观的视野和策略性的思维，才能厘清问题，拟定目标，做出最优决策。同时值得注意的是，高级管理者所必需的素质和能力应该在实践工作中去积累，且需要长时间的锻造和提升。

　　在其位谋其职，同样，在不同的管理层次也需要具备不同的管理技能，基层管理者重技术能力，中级管理者重沟通能力，高级管理者重概念能力，从组织架构和业务管理上判断自己的管理层次，根据不同管理层次的要求，侧重锻炼自己的不同能力，这样才能成为一个优秀的管理者。

第三节 "面子"和"架子"是最大的陷阱

著名的管理学书籍《格局》中，曾提出过这样一个有趣的观点：人对人的看法，基本上都来自对自己的看法，我们会把自己的感觉投射到别人身上。依照这个观点，所有爱面子和摆架子的管理者，其实心里都唯恐员工看低自己，希望借着外在的"面子"和"架子"，获得员工的尊重、认同乃至崇拜。但实际上，这是一种很糟糕的管理手段。

爱面子：让你失去员工的尊敬

在我们的文化中，爱面子已经是根深蒂固的了。鲁迅先生曾在书中说，面子"是中国精神的纲领，只要抓住这个，……全身就都跟着走动了"。就像当年项羽兵败乌江河畔，说："纵江东父老怜而王我，我何面目见之！"项羽这一亡时之语道出了多少管理者的性格缺点，那就是爱面子。有面子代表着被人看得起，代表着在员工中的优越感。

实际工作中，经常有管理者犯这一错误。如开会时，因为没有考虑全面做出了不正确的决策，此时若有正直的员工提出来，管理者为了自己那点面子，也坚决不会承认错误，甚至还会责怪那个正直的员工，面红耳赤地质问他："我是领导还是你是领导？"此时此刻，如果招来的下属不是笨蛋，那么管理者就很像是一个笨蛋。

敢于承认自己的错误，敢于承认自己不是无所不知，是一个优秀的管理者必须具备的心理素质。要知道员工不会因为管理者承认错误而轻视他，反而会因为其坦诚而佩服他，认为这是一个理智的、可以信任的领导。比如在上述例子中，如果那位领导笑着坦承了自己的错误，甚至说："我也发现了，正想看看你们谁能提出来呢？"这样不仅找回了作为管理者的主动权，也让员工对其多了敬畏，这样更容易获得员工的认可和忠诚。

当然，爱面子不仅是管理者的专属，有些员工也爱面子。因此在日常的沟通协作中，尤其是在批评下属时，管理者也应注意维护员工的面子。关于批评的艺术，我们会在后面的章节详细展开。

摆架子：阻挡员工为你卖命的机会

很多管理者总觉得自己身为领导，一定要摆出高高在上的姿态，不接受下属的想法和建议，不和下属讨论交流，而只想通过高压式的独裁、垄断式的管理来树立自己的领导权威。但事实上，这么做往往会适得其反。有这样一个简单的例子，我们上学的时候会遇到不同的班主任，仔细回想一下，最受学生尊重和信任的，一定不是最爱摆架子的；即使讲课不是最好，但态度平易近人、和蔼可亲的老师才最受学生喜爱，因为他们令学生信任，让学生愿意与其交流，是学生的"好朋友"。同样的道理，对于职场中的管理者也适用。

资深心理学专家曲伟杰说："'架子'通常是自卑的产物，本质是心里没有底气。"所谓"架子心理"，简单说就是画地为牢，利用摆架子在心理上绑架自己，为难自己。一般来说，越不自信的人越愿意拿架子。有架子的管理者，将会用架子为自己筑起一道围墙，将员工的想法和建议圈在墙外，而这就会严重影响其决策，使其失去信息通道。一家企业要想走得长远，作为管理者，就必须放下身段，善于倾听，多与员工沟通，建立起畅通的信息交流渠道。要知道真正厉害的管理者，不仅往往没有架子，而且看起来都十分随和，让员工随时愿意和他们谈心。

有一句古话常用来鞭策皇帝，正是"兼听则明，偏听则暗"。今日这句话同样也能鞭策管理者——在进行管理时要听从多方面的意见和消息。首先，对待自己团队之中的下属，要放下架子，与他们建立良好的同事关系，及时交流和沟通，确保信息的通畅流动。其次，对于团队之外的其他部门，管理者也应该放下架子，与他们保持良好的合作关系。及时收集多方面的信息，这对于管理者做决策或者推动项目执行而言都是非常必要的。

当然，放下架子并不等于完全没有架子、每天和员工插诨打科，而是要求管理者在工作上，用专业指导员工，在私下里，用魅力征服员工。公私分明，对事不对人，让下属感受到原来领导也不是一个冷冰冰的人，而是很真诚友好的，这样他们才会理解管理者，才能真正成为忠诚的下属。

还是那句老话："骡子架子大有力气，人架子大了不值钱。"爱摆架子的管理者，习惯了高高在上，唯我独尊，只顾自己舒服，不管员工感受，失去了员工为其卖命的机会。而不摆架子的管理者，因为能低调对人、平等对人，所以更受人尊重。架子是扔在地上也没人捡的东西，真正厉害的人，从来不会摆架子。

国学大师季羡林生前常说："我最讨厌人摆架子，然而偏偏有人爱摆。这是一种极端的低级趣味的表现。"放低"身架"，更有"身价"。真正厉害的管理者，职位越高，业务能力就越强，也越是没有架子，越显得不卑不亢。因为他们了解，所谓摆架子不过是虚张声势，放下架子非但不会让自己损失一丝一毫，反而还能得到上司及跨部门同事的好感，更能受到下属发自内心的拥护和爱戴。

不管是爱面子还是摆架子，其本质都是对自己能力的不信任。弘一法师说："识不足则多虑，威不足则多怒，信不足则多言。"当你用这些外在的形式来强调你的特殊权力时，你也便失去了员工的心。作为管理者，你需要诚实地审视自己。如果你需要这些面子和架子来为自己增加领导威严的话，那么你该好好想想：为什么会这样？问题出在哪里？是自己名不副实，还是只是习惯使然？总而言之，要想克服这两个缺点，最重要的还是提升自己的能力，不仅是业务上的，更有管理上的。当你能够一眼看出员工遇见的问题，并知道如何与其正确沟通时，就代表着你克服了这两个缺点。

要成为优秀的管理者，那么就绝不要因为自己是领导便高高在上，要坚信"三人行，必有我师"，要坚信即使是自己的下属也有值得学习的一面，要谦虚地听从他们的意见和想法。那些爱面子和摆架子的管理者终将一事无成。

第四节　好的领导是卓越的造梦大师

据说，当年尚默默无闻的乔布斯凭一句话说服了百事可乐的 CEO 约翰·史考利来担任苹果 CEO，那句话就是："你是想一辈子卖糖水，还是想跟我一起改变世界？"这无疑正是梦想的魅力。

在经典电影《盗梦空间》中，莱昂纳多饰演的多姆·科布是一个"盗梦者"，他会在目标人物精神最为脆弱的时候潜进他们梦中，窃取他们潜意识中有价值的信息。在造梦时，他需要与目标人物建立"潜意识"连接的平台，设计一个丝毫不会引起对方怀疑的梦境，趁机将自己设计好的思维植入到目标人物的大脑中，从而达到控制人物行事思维的结果。

当然在现实中，我们不可能通过这样的手段为员工植入想法，但从本质上来讲，管理者对员工的造梦，也是一种想法的植入。作为一个优秀的管理者，必须要成为一个卓越的造梦大师，必须要敢于造梦、善于造梦、乐于造梦。只有塑造一个共同的梦想，才能凝聚一批志同道合的人才，才能不断创造辉煌的事业。

造梦的本质是，管理者就像火炬传递者一样，帮助下属点燃自己心中的梦想之火，或者将自己手里的梦想之火传递给他们。不论怎样，都要让下属对团队的未来充满期待和希望，让梦想不断鼓励他们向着目标前进。不管追梦路上遇到什么挫折，都要让他们觉得这只是考验和插曲，只要努力和奋斗，困难很快就会过去，最后一定可以达到理想的目标。

那么如何才能成为一个卓越的造梦大师呢？

1.为团队创造一个美好的愿景

什么是管理者？管理者就是能够为团队创造一个愿景，并知道如何实现的人。作为个人，我们考虑的都是各自的利益和前程，而当团队将不同的个人聚集在一起时，作为管理者就需要为这个团队创造一个愿景或梦想，将其细细描述给团队中的成员。这个愿景或梦想必须引起他们的共鸣，让他们死心塌地地追随管理者，追随这个团队，为实现最终的目标而不断地努力。

团队愿景的构建对于领导的管理事业是影响深远的。与员工分享团队、企业的愿景，向员工描画团队、企业的蓝图，这是每个成功的企业或团队所必须要做的。阿里巴巴的愿景是，构建未来的商务生态系统，让客户相会、工作和生活在阿里巴巴，并持续发展最少102年；京东公司的愿景是，成为全球最值得信赖的企业；IBM的愿景是，点亮"智慧地球"；苹果公司的愿景是，让每人拥有一台计算机。

这些看似抽象的愿景蓝图，实际上最能打动人，也最能留住人。对待人才，总有对手比你给的薪酬更高，比你给的职位更合适，所以，只有当你给出的企业、团队愿景最契合人心时，才能真正得到人才，让其诚心为你所用。

因此，一流的企业能够吸引人才，不仅仅是因为它们能够赚钱，更是因为它们有好的管理者，能够带给员工无可比拟的愿景和希望，让其感受到超越金钱的价值。

2.困难永远小于梦想

困难是永远存在的，但方法也永远存在。作为管理者，就意味着你没有退后和认输的权力，你的第一职责就是帮助下属解决问题。阿基米德曾说："给我一根杠杆，我就能撬起整个地球。"同样，作为管理者，你应该让你的团队成员坚信，只要有你在，就没有实现不了的目标。

管理者应该时刻记得，团队的成就不是由你遇到的问题所决定的，而是由你所解决的问题所决定的。当你不再害怕困难时，目标就会清晰起来，你需要思考这样三个问题：你们是什么？你们将是什么？你们应该是什么？你们即是你和你的团队，等你想好这三个问题，就可以为你的团队成功创造一个美好愿景了。

管理学大师德克鲁讲过一则故事：有人路过一个村庄，

遇见三个正在盖房的石匠，于是他问了三人一个问题："你们在干什么？"第一个石匠回答："我终于找到了一份好工作，我在维持生计。"第二个石匠说："我正在做一流的石匠活儿，做得还不错。"而第三个石匠说："我正在建一座教堂。"

很明显，三个不同的回答代表了三种不同的工作态度和追求，反映了三种截然不同的团队文化。前两个回答依然是以自我生存为主，而第三个回答则是提到了他自己包括整个团队的愿景——他们在建一座教堂。同样是石匠的工作，但不同的石匠心中有不同的目标和追求，那么工作完成度和最终的目标完成度也自然会截然不同。作为管理者，当你为团队建立了愿景之后，工作对于团队成员而言除了是养家糊口的手段外，还具有了更加深刻的意义，就像是一个信仰，而这个信仰的高低基本决定了团队和企业是否团结和是否具有强大的凝聚力。

对于一个优秀的团队而言，如果梦想是无穷大的，那么暂时的挫折就不算什么，我们可以轻松一跃而过；但如果团队的梦想卑微，缺乏前景，那么一点儿小困难就有可能将我们轻易击倒，让我们一蹶不振。

3. 把梦想转移给员工

作为管理者，你需要做的重要事情之一就是不断给员工造梦，成为一个优秀的造梦大师，这其中最重要的，便是把你自己的梦想变成他们的梦想，让他们一起成为你的梦想捍卫者和实现者。

曾经采访过一位老板，他的饭店生意非常好。但他说开店之初经营并不顺利，生意不知为何始终不好。直到有一次，他无意间表扬了一个服务员，说她非常认真负责，并随口说等以后餐馆做大了要提拔她做分店经理。结果令人惊讶的事情发生了，这个服务员平常工作不仅更加卖命，甚至还主动拉了很多客人过来，而其他的店员听说之后，也都变得主动起来，期待也能得到老板的青睐。

这就是分享梦想的效果。作为管理者，造梦是你必须掌握的技能，而分享梦想则是造梦最重要的一步。你的员工只有和你拥有同一个梦想，才能为你所用，为你上阵杀敌、疆场卖命。

所有管理者都是"贩卖"梦想的人，某种意义上说，管理者也是为团队成员提供实现梦想的平台的人。从古至今，凡成功的企业和团队都有一位优秀的管理者，同时他也是一位优秀的造梦大师。真正优秀的管理者不仅会让自己始终保持热情和斗志，还会帮助自己的团队创造梦想，让梦想激励员工，让梦想铸就团结，用梦想的力量实现目标。

"心若在，梦就在，人生不过是重头再来。"人类因梦想而伟大，你也将因梦想而更成功。

第五节　不是所有的金钱激励都有效果

在企业的管理活动中，激励员工是非常重要的一个管理项目。之所以激励员工，自然是因为要提升员工工作的积极性和能动性，让他们在日常工作中更好地发挥创造力和执行力，进而不断提高团队或企业的工作效率和业绩表现。其中报酬激励法是经常用到的一种。

所谓报酬激励法，简言之即管理者通过报酬刺激，来鼓励员工努力完成一定工作任务，达到企业目标。通常来说，报酬激励分为两种：一是外在报酬激励，即管理者通过加薪、发奖金、提高福利和社会地位等对员工进行激励；二是内在报酬激励，即管理者通过工作任务本身，如成就感、影响力等对员工进行激励。对于管理者而言，要达到激励目的，建立企业激励机制是最主要的方法，然而管理者却经常陷入一些误区。

激励员工的三大误区

1.认为金钱可以解决一切问题

在传统的企业管理方式下，最常见的激励方式就是发钱，员工工作越努力就能得到越多薪酬。这种激励方式在短期内确实能取得一定效果，但长时间里也很容易产生负面效应。

因为人对金钱的追求和欲望是无止境的，单一的金钱激励会导致企业激励成本越来越重，利润逐渐下降，而当金钱激励达不到员工预期时，他们就会丧失工作积极性。

员工的需求是多样化的，物质或金钱的激励只是其中一种，更何况对于大部分员工而言，物质或金钱并非是工作的首要需求。尤其是对于有更高追求的员工而言，他们的个人需求会更加偏向于精神层面的满足，正如"马斯洛需要层次理论"所说的第五层次的需要——追求自我价值的实现。例如，对一位优秀的数据分析师而言，一个有趣的项目甚至能够超越金钱的价值。

2. 忽视企业战略和激励计划的关系

一般企业管理者制订激励计划时，会存在以下两个误区：首先，制订激励计划不考虑企业的战略发展；其次，认为所谓激励其实是满足员工的个人利益，对于企业而言，是一种损失。

管理者应该要明白，激励计划必须服从于企业发展战略的顺利实施，员工的个人需求也应该服从于企业发展的宏观目标。而且管理者也要知道，一个企业或团队制订激励计划，并不是为了有清晰的标准来评估员工的个人绩效，而是为了激发员工的创造力和执行力，让他们产生更好的工作行为，让团队和企业获得更高的利润。

3. 激励方式过于单一

目前一旦提到激励，大多数管理者的做法就是发奖金，认为这样省事又高效，但实际上这种做法非常单一。从企业的长期发展角度考虑，这么做既无法满足员工多样化的需求，而且还可能会让员工因为金钱而产生利益竞争。作为管理者，请记住，用金钱留住人才，最终也会因为金钱失去人才。

目前，很多企业都意识到，一个积极性强的团队与无积极性的团队相比，给企业带来的价值有天壤之别。因此，作为管理者，必须摆脱传统思维的束缚，在激励方式上另辟蹊径，用科学有效的方法管理人才、激励人才，实现企业和人才彼此利益的最大化。

正确激励员工的三大方法

1. 薪酬激励是基本的激励手段和方法

认为金钱可以解决一切问题是误区，但金钱可以解决大部分问题却是现实。单一的薪酬激励，虽然不够科学与完善，但总体而言，尤其是对于企业最基层的员工，或者刚毕业的优秀人才而言，仍然是非常有效的，能够大幅度提高员工的工作质量和工作效率。

我曾经进行过一项关于薪酬及激励体系的调查研究，结果表明，对于大部分员工而言，尽管薪酬高低不是决定他们工作表现的唯一主导因素，但却能直接影响员工对自己的工作岗位、团队及企业的满意度，而且如果增加薪酬，八成以上的人能提高自己对工作的热情，有明显的激励效果。因此，合理且有效的薪酬激励还是非常必要的。

作为管理者，要打破传统思维，让薪酬体系尽量做到科学合理、公平有效，既可以满足员工个人的物质或金钱需求，也可以实现企业提高业绩和经济效益的目标。打破"不管做多做少，工资都一样"的死工资模式，建立多劳多得的薪酬体系，能更有效地调动员工对工作的主动性和积极性。

2. 开放的个人发展空间更能激励员工

在一份工作中，员工是否主动、热情，不仅取决于薪酬多少，更取决于其未来的职业发展状况如何。现在许多企业并没有完善的人才选拔和培养机制，新人往往待了一年也积累不了什么经验和技能。因而当看不到成长与发展的机会时，有能力、有潜力的人自然也就会离开。

管理者有两个作用，一是挖掘员工潜能，培养和选拔有用之才，二是为人才提供一定的发展机会。在这个过程中，管理者要让员工的任何生产性行为都得到认可，鼓励员工主动积极参与本部门及跨部门的工作。要通过不断的交流与协作，让员工既能锻炼业务能力，不断明确自我发展方向，也能培养对企业的认同感。而当员工在企业中得到肯定，并能看到明确的职场发展途径时，就会更有动力为企业贡献价值。

3.多元化激励方式适应员工多种需求

作为管理者，可以制定多样化的激励方式，物质激励与精神激励双管齐下，更容易达到激励效果。物质激励一般包括涨工资、发奖金、奖励各种津贴及其他福利等，但是管理者应该知道金钱的边际效用是不断递减的，这种单一的激励方式，短期内可能有效，但长期下去往往会失去激励效果。因此，要把物质激励与精神激励相结合。精神激励包括夸奖、交付更复杂的高级项目、升职等，通过丰富和增强员工的工作体验，来使其感受到工作带来的充实感和挑战感，满足员工个人的精神价值需求。

此外，管理者可以通过短期激励、中期激励、长期激励相结合的方式，实现长久有效地激励员工。例如，电影票、聚餐券、员工生日会等短期激励手段；季度团建活动、优秀员工奖励等中期激励方式；年终奖、出国游、购房补贴甚至分红、职业津贴等长期激励方式。三种方式相结合，能够全方位且长期有效地激励员工，让员工时时刻刻有奋斗的动力。

有效激励员工，要明确需求、找对方法、精准激励，即面对不同员工的需求，采取不同的激励方式。加拿大管理顾问安德鲁·法斯说："了解了你希望别人如何管理自己之后，就能树立一个榜样。一旦你明白了自己希望如何被人管理，便可将此应用到别人身上。"是的，要成为一个能够激励他人的管理者，首先是要思考，你希望别人如何管理自己。

第六节 任用比你强的人

如果你问一位管理者："你愿意雇佣比你表现更优秀的人吗？"相信每一位管理者都会回答："愿意。"但事实证明，80%的管理者都希望并且会雇佣比自己能力差的人。

正像哈利规则所指出的那样，人们总会雇佣不高于自己能力的人。这一规则由南加州大学校长史蒂文·桑普尔在《卓越领导的思维方式》中提出。

按照哈利规则，如果一个人的综合能力为99%，那么他会雇佣相对于自己，能力为99%的人——即员工的综合能力绝对值只有大约98%。也就是说，如果一个企业的最高管理者是具备99%能力的人，那么企业中第四层员工的能力绝对值将不会高于92%。

但是，如果最高管理者的综合能力只有90%，那么根据哈利规则，他将雇佣相当于自己能力90%的人，也就是说这些人的综合能力绝对值为81%。而这些绝对能力为81%的人所雇佣的人，其绝对能力约为66%。因此企业第四层员工的综合能力绝对值只有大约43%。总而言之，就是"一级不如一级"。

哈利规则揭示了我们不愿意看到的一种管理现象：管理

者自己阻碍了自己的成长。大部分的管理者很难意识到这一点，而即使意识到，也很难改正或摆脱。总而言之，所有的管理者都在用人上面临着"一道坎"，能否迈过去，也就意味着能否成功。

那么为什么会出现这样的现象呢？有以下两个原因。

1. 相似性原则

人人都喜欢与自己相似的人，排斥与自己相反的人，尤其在很多管理者看来，员工让人喜欢似乎比员工的能力更重要。如果有人提出质疑，管理者会解释说："德行比能力更重要。"一个人的能力强固然好，但品德更重要——很多优秀但与管理者不契合的人才都是被这样的理由拒绝的。但是，作为管理者，最重要的应该是包容，不管是否与自己相似，只要对方能力达标，就应该收之麾下。

2. 作怪的虚荣心

人们往往很难接受比自己优秀的人。当员工比自己优秀的时候，身为管理者难免会觉得尴尬甚至难堪，内心总是担心自己与优秀的下属比起来会相形见绌，甚至怀疑下属要攻击自己，夺取自己的管理地位。这种情况一般在等级森严的企业中经常出现，比如国企。一旦有优秀的员工出现，管理者便针锋相对，怎么看员工都不顺眼，想方设法为难对方。

但实际上，管理者和员工是一根绳子上的蚂蚱，一荣俱荣，一损俱损。当员工过于普通不"出众"时，管理者也很难"出众"，没有一个优秀得力的员工，作为管理者，在执行复杂且关键的团队项目时往往会力不从心。因此，要想成为优秀的管理者切忌让虚荣心阻碍了前进的步伐。

奥美广告创始人奥格威在创业之初，有一天在董事会上给每位董事都发了一个娃娃。他说："你们手里的娃娃代表着你们自己，请打开看看自己的娃娃。"当董事们打开玩具娃娃后，发现里面有一个小一号的娃娃，再打开，里面还有一个更小的……在最小的娃娃上写着奥格威的名字，上面还写着："如果你永远都只任用比你水平低的人，我们公司将沦为侏儒公司，相反，如果你录用的人比你的水平还高，我们的公司将成长为巨人公司。"

是的，正如奥格威所言，凡是最终能把企业做大的管理者，都做到了这一点。那么作为管理者，如何才能克服哈利规则，用好比自己能力强的人呢？

1. 要谦虚诚恳

作为管理者，在招募时要克服自己的同类偏好和虚荣心理，用谦虚包容的心态招募人才。而在工作中，更要学会放手，学会相信员工，用诚恳的态度给予他们足够的空间，毕竟他们一旦成为第一负责人，在获得权力的同时，也承担着责任。对于能力强的人，管理者越尊重他，他就会越信任并尊敬管理者，认为管理者是他的伯乐，从而鞠躬尽瘁；管理者越压制他，他就会越不服，小则浑水摸鱼、不务正业，大则给管理者"埋雷"，让人措手不及。

2. 要善于变化观念

一个企业的成功取决于员工，一个企业的危机也来源于员工。人才是企业实现差别化竞争战略的前提条件，人才和智力资源是一个企业宝贵的资源。而在时代的变化中，评价人才的标准也是不断变化的，如曾经的网瘾少年可能是现在的互联网大佬。作为管理者，既要敢任用比自己能力强的人，也要时刻调整自己的人才观念，了解自己的人才需求。只有抓住人才，才能让企业长久发展。

3. 适时指出不足

再厉害的人才，也不能保证自己面面俱到、毫不出错。作为管理者，站得更高看得更远，而且因为旁观者清，总是更容易发现下属的一些错误。此时，不要直接以呵斥的形式指出错误，而要以温和的态度私下跟他们沟通。这既表示了对他们的尊重，也强调了对他们的重视，在日后的工作中，他们会更加尊重管理者，也会对工作更加尽职尽责。

4. 要推荐并能提出忠告

当这些有能力的人想离开或者想调动岗位时，首先要用谈心的方式客观地为其梳理岗位是否适合他。如果对方执意要离开，就大方放手，并表示如果不适应新环境，随时欢迎他回来。这不仅会让人才感受到自己被尊重、被重视，而且在未来的职场中，如果他发展得不顺利，则极大可能会再次回到这里。对于管理者来说，这便是最高深的一招：以心换心，留住人心。

我在进行调查时，听到过一个中级管理者吐槽说，每次完成重要项目时，总感觉身边人不给力，下属除了附和也提不出什么有新意的想法，这种情况已经好几年了，他感觉自己这辈子都要在这个岗位上干到老了。这样的吐槽想必很多管理者都很熟悉，追根究底，不就是管理者没有避开哈利规则，没有用对人吗？

对于一个管理者来说，只有人尽其才，让员工发挥优势、互补劣势，才能使团队整体的力量发挥到最大，才有可能在外部激烈的竞争中始终处于核心地位，最终带领团队取得成功。用比自己强的人似乎是一个非常明显的道理，但往往管理者们就输在这里。

第七节　知彼：没有一个员工是毫无价值的

领导者的成功要素之一即在"用人"，一如《反经》所云："使智、使勇、使贪、使愚。"简而言之即在任用有谋略、有勇气、贪财、愚笨的人时，要让智者争相立功，让勇者遂其大志，让贪者多多发财，让愚者勇于牺牲。也就是说，要根据不同人的不同性情来任用他们，这正是兵略中最微妙的权谋。

华为总裁任正非今年在一次公开发言中说："没有平庸的员工，只有平庸的干部。"是的，不管是一家大的跨国公司，还是一个小的几人团队，没有一个员工是毫无价值的。一位管理者所面临的最大考验，也不是如何处理表现不佳的员工，而是如何处理表现平庸的员工。

在定义一个员工是否平庸之前，需要先了解一个概念，叫作"伪平庸"。什么是"伪平庸"呢？

假如在一个团队里，有位数据挖掘师，他性格木讷，不爱和同事说话，于是管理者便觉得他沟通能力有问题，三番五次找他谈话，希望他能改变。那么这位数据挖掘师，便是典型的"伪平庸"——员工并不是真正的不合格，而是管理者盲化重点，把非核心的事情作为评判标准。

事实上，只要这位数据挖掘师能按时高效完成他的工作职责和核心业务，那他就是一个合格的员工。然而现实情况却恰恰相反，80%的管理者最普遍的做法是，盯着员工的短处不放，想方设法希望他可以做出改变。这是非常不成熟的管理表现，这样的管理者带的团队一定是一盘散沙，同样业绩也一定很差。

所以，作为管理者必须记住一个道理：善于用人所长，只有发挥每个员工的长处，才能创造优秀业绩。如果你总是希望员工尽可能事事擅长，或者不停要求员工改正短处，那不仅会产生高额的管理成本，而且并不会有什么效果，同时还会打击员工的内心认同感和工作积极性，因为其的核心优点得不到认可，而短板又时时受到负面反馈，长此以往，自然就留不住人心。因此请记住，作为管理者，你要的是一个拥有职位核心技能的专才，而不是一个全才。更何况未必存在全才，就算存在也未必能轮到你手里。

明白并破除掉"伪平庸"的概念后，我们继续讨论真正平庸的员工的表现。作为管理者，在用人之初就应该明白这个人是真平庸还是伪平庸，而一旦决定录用，那么就要坚信他不平庸。管理者应该从每个普通员工身上挖掘出团队需要的有价值的东西，并不断地引导和启发他们。千里马常有，而伯乐不常有，管理者要想当好伯乐，首要原则便是做到"能岗匹配"，这也是管理的核心点之一。

什么是"能岗匹配"？简单说就是把员工放到能发挥其优势的岗位上。西楚霸王项羽的失败和汉高祖刘邦的成功，便是"能岗匹配"的鲜明例证。项羽虽英勇重义，但同时也刚愎自用。他适合做一个英雄将军，但却到了皇帝的位置上，自然是无法成功，最终各路人才弃他而去，他也落得乌江自刎的悲凉下场。而反观刘邦，文不如萧何、武不如韩信，但他却很懂得招募并任用人才，将下属的才能为自己所用，所以，刘邦最终成就了千古伟业。

然而"能岗匹配"看似简单，实际上却并不好操作，因为现实中有很多人并不知道自己擅长做什么工作。管理者会发现，某些人在通过面试进入团队后，其实并没有那么擅长手头的工作，或者比起现在给定的岗位，另外的似乎更适合他们。此时，作为管理者，你的工作显得尤为重要，你的选择将决定团队未来的走向。

尺有所长，寸有所短。清代顾嗣协曾写道："骏马能历险，犁田不如牛，坚车能载重，渡河不如舟，舍长以就短，智者难为谋，生才贵适用，慎勿多苛求。"天资、阅历、环境的不同，所造就的性格、品德和知识结构也不同。要想成为优秀的管理者，就必须分析和观察每个下属的性格和能力，分析其强项和弱点，并扬其长、避其短，应该建立规范化的制度和人才管理机制，并通过科学的评估手段和方法来对不同员工进行分类和管理。对人才合理利用，意味着人事相宜、对号入座。

古人有云："知己知彼，百战不殆。"通过阅读前面几个小节的内容，相信作为管理者，你已经对自己的身份和风格有了清晰的理解。但要想真正做到用人所长、知人善任，还应该掌握员工的身份和风格：他是什么性格的人？他是否可信？如何对他进行分类和管理？这些都需要你在接下来的章节中一一学习和掌握。

现代管理学之父彼得·德鲁克说："管理者的任务不是去改变人，而在于运用每一个人的才干，让每个人的才干，得到充分发挥。"管理者的职责，是通过各种渠道和方法来发现并利用员工的才干，这是一个管理者对待下属的基本前提。

现代社会是多变的也是复杂的，作为管理者，必须学会用人，广泛招募各类人才，挖掘每个员工的闪光点，才能以不变应万变。"集合众智，无往不利"，个人的才智再高，也是有限的，只有集合众智，将众人才能为自己所用，形成无所不能的强大团体，才能发挥出无限的力量。

第八节 不同类型员工的管理指南

每个企业都是由不同类型的员工组成的,对于管理者而言,最大的工作便是如何管理这些员工。管理大师罗伯特曾经说过:"没有不合适的员工,只有不合适的安排。"那么作为管理者,在面对各式各样截然不同的员工时,如何才能做到高效管理呢?

类型一:桀骜不驯型员工

IBM 的总裁沃森经常强调一点,叫"用人不用奴才"。据说有这样一个故事:一位中年人有一天闯进了沃森的办公室,大喊大叫:"从销售总监换到一个因人设事的闲差,我工作还有什么意思!"这个中年人叫伯肯斯托克,是 IBM 公司二把手柯克手下的得力干将。而当时柯克刚去世不久,沃森与柯克又是死对头,于是伯肯斯托克认为,沃森趁此机会一定会狠狠"收拾"自己,便大闹一场,做好了辞职的准备。

沃森素来以脾气暴躁闻名,但面对找茬的伯肯斯托克却并没有发火,因为沃森知道他的心理和诉求。伯肯斯托克是个很有能力的人才,作为管理者的沃森早已了解这点,所以尽管他是曾经对手的下属,性格又十分桀骜,但沃森从企业的大局出发,仍决定挽留他。沃森说:"如果你有能力,那么,不论是在谁的手下都能成功。你若是觉得自己不行,那就离开,不然就应该留下,因为这里最能施展你的才华。"

结果自然是伯肯斯托克主动选择留下。后来也证明沃森的挽留是十分正确的,尤其在IBM开拓计算机业务时,伯肯斯托克做了很大的贡献。也正是由于他们二人的携手努力,IBM才成为今天这个难以超越的"神话"。晚年的沃森在他的回忆录中说道:"在柯克死后挽留伯肯斯托克,是我有史以来所采取的最出色的行动之一。"

沃森作为一个优秀的管理者,不仅挽留了伯肯斯托克,而且任用了不少桀骜不驯但却有真才实学的人。他说:"我总是毫不犹豫地提拔我不喜欢的人,他们看起来是那么的桀骜不驯。"每个员工都有自己不同于别人的心理,越优秀的人才,越有性格。因此,对于管理者而言,对待员工并不应该凭借领导权力不断打压他们的想法,而要学会巧妙利用他们的性格,将其优点放大,为工作所用,将缺点缩小,做到与他人互补。

当团队中出现桀骜不驯型员工时,管理者不应给予对方太多自主权力,并且在分配工作任务时,应尽量向其说明工作细节、任务要求、工作方法以及截止时间,最好再安排一位同事协助监督。否则这类人就会按照自己的理解来完成任务，而在其对任务的理解发生错误时，整个项目都可能会面目全非。此外，当这类员工出现问题时，管理者应注重倾听和理解，明白他们的问题和诉求，然后为其答疑解惑。

类型二：孤僻型员工

性格孤僻的员工，不论是在什么样的团队里都一定会存在。这种类型的员工通常习惯单独行动，不屑也不适应与太多人在一起，大多数情况下不属于制造争端的人。但他们冷僻的性格，或是偶尔冷漠犀利的言语，常常会给团队内部带来一些消极影响。

孤僻性格的形成，不是一天两天的事情，是由很多原因引起的，有生活方面的，也有工作方面的。心理学家认为，人类得到情感满足有四个来源：恋爱、家庭、朋友和社会。一个人的心理状态如何，一般就取决于这四个方面的关系如何。性格孤僻的员工通常处理不好上述四个方面的关系，这与其原生家庭或者个人性格有关。他们往往缺乏依恋的温情体验，疑心较重，不管做什么事总是瞻前顾后，担心别人的议论和看法。

此时，作为管理者，不能也不必强迫自己帮助他们改变什么，但完全有理由像关心其他员工一样关心他们，给予他们一定的温暖、尊重甚至重视，获得他们的认可。一旦他们开始从内心深处认可管理者的身份，其工作的局面也必定会有所改善，同时他们也会越发体会到管理者的领袖魅力。

具体说来，如何管理性情孤僻的员工呢？注意在开始实施管理手段前，必须先深入了解他们的心理特点。

首先，不要轻视，要重视。管理这类员工最有效的策略是给他们温暖和重视。作为管理者，在工作、聚餐等场合中的细节上多注意他们的情绪，多为他们做一些实实在在的事。尤其是在他们遇到了自身难以克服的困难时，应主动打破他们因为害羞或不善言辞而不敢沟通的僵局，带领团队里其他员工成为他们的朋友，让他们感受到团队的温暖，产生深切的认同感。

此外管理者也应注意，除非是意外情况，否则尽量不要对他们的工作表现出漠不关心或者无所谓的态度，尽可能一视同仁，像对待其他员工一样对待他们。虽然非常考验管理者的宽容和耐心，然而这对于一名优秀的管理者而言，不过是最基本的要求之一。

其次，不要被动，要主动。性格孤僻型员工一般比较沉默，很少主动和管理者沟通或反应问题，因此作为管理者可以主动出击，通过私下观察，了解他们比较感兴趣的内容，以这些内容作为谈话基础。先打破距离感，再沟通工作问题会更顺畅。另外管理者在聊天时需要稍微注意一下措辞，多疑的人喜欢胡思乱想，尽量不要说出负面或者容易引发负面联想的词语，多鼓励多夸赞他们会取得更好的激励效果。当然，在这个过程管理者也在不断提升自己的细心度，在以后和自己的上司或者合作伙伴交流时，会更轻松、更游刃有余。

第三，学会尊重，学会认可。孤僻类员工也有自己的生活方式，在按时按量完成工作任务的基础上，他们并不希望过多的交流和沟通，如果管理者为了展现自己对下属的关心或个人魅力，故意和他们称兄道弟，那么反而会使他们感到反感。尤其是一旦他们觉得管理者是有目的地在接近自己，就会认为管理者十分虚伪，同时也会为管理者打上负分。作为管理者，一定要避免这种费力不讨好的操作。其实，管理者只需要和他们保持一般的工作接触就可以了，在平时的开会和沟通中，也只需稍加留意他们的表现和情绪即可。真正需要管理者出现的时刻，应该是他们遇到了无法解决的困难时。

最后，投其所好，直攻其心。除了工作上的接触外，在闲暇时，管理者也可以仔细观察这类员工的业余爱好，在沟通时，以此作为突破口，很容易打开对方的内心。

作为管理者，学会尊重员工是非常重要的一课。在一个优秀的团队中，尊重也是彼此良好合作与沟通的前提条件，不管是哪个类型的员工，管理者一旦决定将其招入团队当中，就有责任和义务去关心和照顾他们。一个优秀的管理者，在对待自己团队中的员工时，不仅会认真研究每个员工的性格特点和工作作风，同时还会制定不同的策略，对症下药，因人制宜，让每个人最大化地发挥优势，最大化地实现互补。

"日久见人心"，管理者既是在管理员工，反过来也经受着员工的考验。管理者是否能通过自己的领导魅力征服员工，往往在于与员工的相处之道上。

类型三："老黄牛"型员工

在一个团队里，既需要聪明有创意的人才，同样也需要这些"老黄牛"型的员工，一动一静，互相配合才能共同完成工作任务。所谓"老黄牛"型员工，就是那些勤勤恳恳、踏踏实实、不张扬也不惹事的人。他们虽然没有出色的业绩，平常也容易被管理者忽略，但也正是因为有他们，一些琐碎却重要的工作才有人认真完成。他们同样是团队里非常重要的一部分，就像这个世界上一定会有英雄，也一定会有为英雄鼓掌的人。

因此，作为管理者也需要重视这些人，不能因为他们性格低调、默默无闻，就理所当然地忽视他们所做出的成绩。

虽然不用像对待团队里的"英雄"一样对他们公开表扬，但也要表达出自己对他们的重视和认可。尤其是在年终时，会邀功的同事们要么有奖金，要么有口头表扬，而他们什么都没有的话，难免心凉。而如果作为管理者的你，此时拍着他们的肩膀，诚恳地表扬和鼓励他们，那么这些话的重量或许比奖金更重。因为这些话，让他们感受到了尊重和重视：原来自己的领导是知道自己的辛苦的。得到认可的感觉会让他们对团队、对管理者更加死心塌地。

"老黄牛"型的员工虽然在日常工作中沉默寡言，但他们依然会对管理者异议、对团队有建议、对工作有想法。可能他们平时习惯了沉默，所以对这些问题不会积极主动地展开讨论，但优秀的管理者必须要抽出时间，认真听取他们对于领导、团队和工作的看法。有时只需带着耳朵，耐心听听他们的讲述，甚至不必做什么解答，他们的不平心理就能得到舒展。而此时讲不讲道理也不重要，重要的是懂他们，懂这类员工的心理。

一般来说，"老黄牛"型员工不是没有需求，而是更容易得到满足。因此，作为管理者只需要把团队的愿景和梦想像火炬手一样交接给他们，这份愿景和梦想就可以拴住他们的心，激励他们继续埋头向前耕耘，为团队任劳任怨。

当然，对待"老黄牛"型员工也需要注意一点。有些管理者在开始不了解他们时，贸贸然将他们分配到不合适的岗位上，比如创意类，这些不适合的工作会让他们对自己失去信心，产生挫败感，进而对管理者失去信任。但同时，即使岗位对于他们来说不合适，他们也会抱着"是上级安排的就应该努力干好"的心理，而不太会提出异议，也不会主动向管理者进行反馈。此时就考验管理者的观察能力了。管理者需要及时发现他们工作状态的不对劲或心情的沮丧，主动和他们沟通，有时有必要直接告诉员工他们与岗位不匹配，即使员工会因此离开，但对团队和个人来说也是有利的。

另外，还需注意，对这类员工来说，讲理很重要，但顾及情面更重要。团队毕竟不是辩论台，当他们遭遇不快时，管理者要及时引导和处理好他们的情绪，以免他们一时冲动惹出意外。总之，对于管理者而言，只需要弄懂"老黄牛"型员工的类型特点，就可以轻松驾驭他们，确保团队的"后勤"安全。

类型四：墨守成规型员工

一个团队里也总是不乏"墨守成规"型的员工，他们往往刻板守旧、我行我素。对于管理者而言，有效的沟通虽然是管理的法宝之一，但一旦遇上这类员工，便往往会失效。

他们往往坚守自己的一套观点和理论，不求变也不求新，死守规矩。有时布置的任务会有新要求或者新变化，即使管理者客客气气地跟这种人沟通，他们也会一副根本不爱理人的样子，一脸怨气地完成上级交代的任务。那么，应该如何管理此类员工呢？先从其性格特点入手。

这类员工一般喜欢模仿他人做人、处事的方法，缺乏创意，也没有自己的主见和风格，一旦失去条条框框的规定，就不知道自己该怎么做了。墨守成规型员工少有突出的表现，对新事物、新观点也接受得很慢，当现实需要灵活应变时，他们也只会死守过去的规矩，不会做出一点改变。这类型员工不懂以变应变，因此，在当下瞬息万变的环境里，他们很难应付新事物和新情况。

但正如凡事都有两面性一样，他们也有自己的优点。比如让他们去完成方向性比较明确的、不用多加思考和探索的基础性事情时，他们就会完全按照管理者的标准和指示来完成，非常准确和高效，能令人十分满意。不过总而言之，这类型员工缺乏远见，尤其是在当下这个变化迅速的时代，职业发展潜力不大，认知水平和工作能力都存在很大的局限性，因此不宜委以重任。

作为管理者，在掌握"墨守成规"型员工的性格和心理特征后，就可以有针对性地进行管理。他们的确过于强硬冷漠和不近人情，但由于工作的需求，不得不对其进行管理。那么是否需要维护管理者的尊严，也采取一种相应的冷淡态度呢？当然，这是不可取的。而正相反，管理者不仅不能冷淡他们，反而应该多花些功夫与他们沟通交流，在工作上主动打破僵局。总之，要管理好墨守成规型员工，更多的是要有耐心，循序渐进。

总而言之，当团队里出现这类员工时，管理者首先要判定他们的团队作用以及工作表现，是否值得留在团队中。若经过思考，确定他们应该留下，管理者就要多注意沟通方式，给他们分配比较具有方向性的工作，比如一些日常的琐事或不需要多加思考的事情，一般他们会严格按照管理者的要求完成，能让人十分满意。

管理是一门关系艺术，针对不同类型的员工巧妙地采用不同的方法进行管理，既能避免团队协作中的感情用事和简单生硬，也能避免不必要的冲突和矛盾。管理者需要实施更有效的管理，打造一个协同作战的团队，更迅速、更顺利地制定和执行各种决策。作为管理者，请记住，一个有效的员工激励策略，关键在于找准员工的需求，对症下药，那么你的管理方式才能奏效，否则只能竹篮打水一场空。

第九节 没有规矩不成方圆——如何建立你的规则？

想必大家都听过"三个和尚没水吃"的故事，而这实际就是管理学上常说的"团队惰性"。在一个团队里面，当员工之间的工作职能彼此相近，且工作绩效不容易被量化评价时，那么他们就会倾向于"摸鱼"和偷懒。尤其是当这个团队的人员素质和个人能力参差不齐，同时缺乏凝聚力和合理的激励机制时，很可能就面临着惨败。

因此，作为管理者，为了抵抗"团队惰性"的危害，打造一支团结起来力量大的优秀团队，就必须尝试建立分工明确的管理规则，而这种规则既可以是显性的，也可以是隐性的，也就是一般所说的"潜规则"。

显性规则

所谓显性规则，很明显就是企业或团队中表面的规章制度，如组织架构、团队分工、员工手册等等。既然是表面的规矩，一旦确定出台，就要求人人必须遵守，且一旦违背会有后果严重的惩罚，否则就难以起到真正的约束作用。因此，作为管理者，应该记住显性类规则不要轻易出台，一旦出台了就不要随意地更改，而应执行到底。

显性规则可以理解管理者与其下属之间的承诺。承诺不仅包括团队对企业的承诺，同样包括个人对团队的承诺，企业对团队和个人的承诺，以及个人对个人的承诺。这些显性的承诺是相互的，不能也无法随便进行切割。如果以管理者为代表的企业毁坏对员工个人的诺言，那么员工就会失去工作主动性，团队业绩也就一落千丈；如果管理者领导的团队毁坏对企业的承诺，那么这个团队就会成为一个失败的团队，迟早会被"优化"掉；如果个人毁坏对个人的诺言，那么团队、企业利益都会受到损害。一个优秀的团队所要做的就是不断地兑现承诺。

我的朋友曾在一个著名的公司工作，他们的管理者非常热衷于修改制度，还美名其曰"随需而变"。但最终，这个公司的制度越来越多，越来越随意，大家都不当一回事了。因为管理者认为制度必须与时俱进，需要多变化，所以习惯性地随口改制度，稍有问题就推倒之前的重建新制度。时间久了，制度混乱，员工开始频繁地迟到、早退、请假，而且个个都有借口：上一版制度不允许，但这一版制度允许。因为制度的频繁改换，人事也没办法进行管理。这不仅导致了管理者的可信度直线下降，同时也给公司本身带来了巨大的利益损失。当然，这也并不意味着显性规则必须一成不变，而是凡事要讲究适度。

世界上不存在一成不变的事物，即使存在也终会被淘汰；也不存在时刻变化的事物，显性规则若频繁变化，那就会像上面的事例一样，管理者将失去权威。因此，显性规则可以变，但它的变化既需要管理者的深思熟虑，也需要团队成员共同认可的程序和条件。

作为管理者，在制定团队的显性规则时，应注意不要依靠直觉和感性，而要用数据做决策。《2018年全球数字报告》显示，全球互联网用户数已突破40亿大关。如果说在过去的企业管理中，直觉与经验依然有用，那么在移动互联网、大数据时代，这样的管理手段和理念已经被淘汰了，取而代之的应该是数据。

管理者在制定显性规则时，应该先进行数据统计和分析，通过分析其他企业的管理规则及效果，参考他们的经验和教训。同时，不同行业有不同的员工特性，管理者应该对本行业进行有针对性的分析和调查，确保制定一个让企业和员工的利益都得到最大化的标准规则，让企业对团队的承诺、团队对企业的承诺、个人对个人的承诺都能高效完成。

如果由于外部环境变化需要进行规则修改，那么只要有数据的支撑和分析，管理者也就有了非常充足的把握和准备。这样既会降低感性失误，也不会导致员工的不满意，还会让员工对管理者更信赖、更尊重、更佩服，对团队的未来更有信心，同时加倍付出努力。

每个企业的显性规则虽然都有不同，但也都大同小异，因为都意在大的层面上管理员工，为员工提供可执行和参考的基本规则。而在我们国家的职场文化中，大家都知道隐性规则比显性规则更重要，因为隐性规则最能体现一个团队和一家企业真正人性化的一面。

隐性规则

隐性规则即是不成文规定，也常被称为不明文规定、行业内规、潜规则、惯例，是指某些人群中约定俗成，被行业各方广泛使用且普遍遵守的隐含规则，是台面上没有正式规范的规则。隐性规则甚至在某些特定时空能具体地代替台面上的正式规则，如社会交往中，往往是隐性规则而非种种明文规定，在支配着现实生活的运行。

在一个团队中，显性规则为员工提供了宏观的任务执行规则和基础，而隐性规则则会影响员工是否遵守这些规则以及如何遵守这些规则，如何完成对自己、对团队、对企业的承诺。隐性规则的重要性不言而喻，作为管理者，如果可以打造优秀的隐性规则文化，那么你的团队就会成为一支团结且战无不胜的队伍，成员互相依赖彼此，成为工作文化的共同缔造者。

作为管理者，在制定团队的隐性规则时，应注意以下两点：

1. 管理者和员工是合作关系

简单的雇佣时代已经成为过去，老板花钱请人给自己打工的时代氛围也已经逐渐消失。尤其是在互联网环境中成长起来的90后一代，他们的理想、目标和工作动力等都已发生巨大的变化，仅仅为他们提供高工资已经无法吸引他们的注意力了，何况对于管理者而言，过高的工资支付也不利于企业的持续发展。因此，发展合作人关系就成为了一种选择。

作为管理者，在隐性规则中强调合作人关系，既可以营造一种与员工一起发展、共同创业、共享成果的平等环境，也可以通过分责、分权、分利来锻炼员工能力，优胜劣汰，留住真正的人才。在团队中，向员工传达"我们是合作关系"这样一种潜在规则文化，让团队年轻化、扁平化，既有利于团队的整体发展，也容易获得员工对管理者的认可、佩服以及信任。当一个团队以认可、佩服和信任凝聚在管理者身边时，那么这个团队离成功也就不远了。

2. 多讲规则，少讲人情

在过去的团队管理中，总是喜欢讲人情、讲苦劳，当人情代替规则管理时，即使团队做得再好也会出现问题，有人觉得不公平，有人觉得偏心。因此，作为管理者，在已经建立高效的显性规则后，不管是在何种情况下，都应该以规则为准。尤其是在隐性规则的一些环境下，管理者也应该守住立场，提醒员工按规则办事，培养团队的规则意识，这样团队才能走得远走得齐。

对管理者而言，显性规则和隐性规则是相辅相成的手段，但切记要以显性规则为主，以隐性规则为辅，在显性规则和隐性规则冲突的情况下，也一定要优先显性规则。只有这样，管理者才能真正收服人心，打造高效能的团队。

罗伯特·海因莱因曾说："无论有何规则，我都自由无碍。在可容忍时容忍，在无法容忍时将规则打破。我享有自由，因为我愿为自己的一切行为承担道德责任。"作为管理者应该始终记住，不应随意打破规则，但也不必惧怕打破规则。毕竟出色的管理者执行规则，而伟大的管理者则能敏锐地察觉到不再适用的旧规则并将其打破。

第二章
管人:领导力法则,打造你的管理风格

第一节 管理者的承诺

卓越的管理者为什么卓越?

有人认为,秘诀在于出众的策略思维,即优异的智慧能决定企业竞争的方向和方式。有人强调纪律,认为要想脱颖而出,必须具备严格执行计划的能力。还有人觉得,管理者最重要的是要能做到鼓舞人心,这样团队员工才能完成伟大的任务。

当然,这些观点各有道理,但它们只是提及了一个优秀的管理者可以拥有的多种特质,并没有谈论最基础的管理实务,即成功的管理者会采取哪些措施,让策略、执行和领导力三者融合在一起。过分专注于优秀的管理者是什么样的人,反而容易让人忽略了管理者的基本能力。

有人曾特地研究过各个行业的管理者,得出了一个惊人的结论:成功的管理者虽然各自有不同的个人特质和魅力,但他们都拥有一个共同的特点——优秀的承诺能力。管理者的承诺体现在雇佣、决策、资本投资、内部晋升以及企业发展等方方面面,每项承诺都会对企业产生即时和长远的影响。而随着时间推进,管理者的这些承诺结合在一起,便塑造了企业的身份形象,定义了企业的长处和弱点,建立了企业的机会和限制，同时也设定了企业的发展方向。

承诺的力量极为强大，但却往往被管理者忽视。在团队管理中，管理者往往受困于当前的动乱不安，而采取短期见效、却会对团队造成长期限制的管理手段，一旦市场或竞争情况改变，团队便会陷入困境中。因此，对于管理者而言，学习了解如何做出正确的承诺是非常重要的。

管理就是承诺：承诺目标，承诺措施，承诺合作。

1. 承诺目标

所谓承诺目标，就是对将要达到的结果做出承诺。在这一方面，管理者需要知道做什么以及做到什么程度。看起来这是一个非常简单的问题，但管理者却经常将其忽略，没有真正地把结果目标当作一种承诺，所以在很多企业中都可以看到目标设定形式化的现象。而绝大多数情况下，管理者对目标的态度和反应，又决定了员工工作的效果，一旦管理者失误，为实现目标所投放的所有资源也将失效。

因此，作为管理者，必须在承诺目标时就对结果有明确的认识和要求，这样下属才能详细制订自己的工作计划，有目标、有方法地完成任务，让企业的资源投放获得最大的收益。

2. 承诺措施

承诺措施是针对如何执行所做出的承诺。作为管理者，一旦确定目标，就应该立即思考实现目标的方法，并尽量确保员工能在自己的工作能力范围内完成。如果管理者既不考虑方法，也不提供方法，那么就不能够在方法和工具上给予员工帮助，目标就会成为一个空中楼阁，人人都能看到却无法实现。

承诺措施是承诺目标完成的保障。因此，管理者应认真与下属一起讨论，共同确定完成目标的措施，并确保员工将其作为接下来工作的主要内容，这对于实现最终的目标至关重要。

3. 承诺合作

作为管理者，在确定目标和措施后，接下来需要解决的便是团队的合作分工。在企业管理中，合作管理是门大学问，若不存在分工，那就也不存在管理。为了提高团队的高效协作力，推进关键措施和目标的实现，管理者就必须和员工交流，分配主要负责人及执行人，同时确保其他员工愿意参与和支持合作承诺。

要成为一名优秀的管理者，则必须认识到所谓企业并不是理论中组织结构图上的条条框框，或一系列按部就班的业务流程。企业是纷繁复杂的，就本质而言，每一家企业都是一个由不同承诺构成的动态网络，从基层到中级再到高级，不同的员工与管理者彼此做出承诺，其中当然也少不了员工对企业客户和其他合作方、利益方所做出的承诺。承诺就像根线，把整个企业串联在了一起。

承诺式管理

有了承诺，管理者的管理才能够真正有效。那么如何才能真正做到有效承诺呢？很简单，承诺式管理。

了解承诺的重要性并不意味着管理者就掌握了如何做承诺。很多管理者总是会被承诺不力困扰着，如战略实施不当、组织缺乏敏捷性、员工对工作不够投入等。因此，学习承诺式管理就十分必要了。

承诺式管理，简而言之就是通过系统化的培养和协调来践行承诺。承诺是为了满足企业内外客户的要求，许诺者所做出的保证。所谓"客户""许诺者"代指的是不同的角色，而非具体的个人，这些角色可以根据情况而变化。我们此处讨论的顾客便是员工，许诺者是管理者。

作为管理者，在建立和完成有效的承诺之前，必须和下属完成三个层次的对话。第一个层次是充分沟通，达成共识。你们需要对围绕主题的基本问题进行探讨：你想表达什么？你明白我的要求吗？我想怎么做？你要怎么做？我们还需要谁？第二个层次是执行任务，兑现承诺。第三个层次则是根据结果检验承诺。

在调查研究中，有几个特点被认为是好的承诺所具备的。

1. 透明公开

与私下协定的工作约定相比，透明公开并在团队监督下完成的承诺才更具有约束力，结果也更令人满意。有心理学研究证明，人们对于自己公开宣布的事情，会更加尽力地去完成，因为这关乎他们的信誉。

2. 积极互动

在很多团队中，管理者随意扔下一个模糊的目标就不管了，于是员工一头雾水，不明确目标是什么，也不知道怎么做，更不知道可以和谁合作。以这种方式所做出的承诺根本不算是承诺，真正有效的承诺，应该是双方积极互动，同心协力对承诺进行协商。积极互动的对话应包括提议、反提议、承诺和拒绝，总之要将有关目标的各个方面敲定下来，越清楚越具体越好。

3. 主动自愿

最有效的承诺必定不能依靠强迫实现，而应是对方心甘情愿完成的。作为管理者必须记住，当你要求员工做出承诺时，员工有表达其他意见的权利，也有拒绝的权利。管理者不能依靠权力威逼下属，因为人们对于在不情愿的情况下被迫许下的承诺很少有责任感，也很少能真正实现承诺。相比之下员工自愿执行的承诺，才符合承诺的最初目的。因此，管理者应该注意这一点，尽量做出对企业和员工都有利的承诺。

　　承诺会界定个人，就像承诺会界定团队一样。对于管理者而言，承诺可以赋予力量，也会设定限制。不管是承诺的三种类型，还是承诺式管理，本质都是从不同的角度来帮助管理者厘清承诺这一行为。学会承诺，学会有效承诺，才能让一个管理者变为卓越。

第二节 情绪掌控,管理者的基本素养

管理者作为团队的核心成员,在企业运行中扮演着极其重要的角色,冷静、理智、平和的处事原则是管理者应该具备的基本素养。作为管理者,在日常管理中如果总是感性处事,率性而为,不仅会失去下属的尊重,甚至会在团队中失去威信,让团队失去凝聚力。

人都是情感动物,容易产生情绪。大部分管理者都曾因为心情烦躁,而对员工莫名其妙地发火,将员工当作"出气筒",此时脾气倔强的员工很容易和管理者当场吵起来,甚至因此而辞职。对于很多员工而言,管理者的情绪也影响了他们的工作。当管理者情绪糟糕时,很少有员工愿意去汇报自己的工作,因为谁都担心自己一不小心撞枪口上。因此,管理者情绪的好坏,可以影响整个团队,甚至整个公司。

一个总是感情用事,做事公私不分,缺乏理智思维的管理者,自然也带不出什么好的团队。而那些严于律己的管理者,则能够掌控情绪,将个人情绪与工作划分清楚,让员工感受到领导的专业性,甚至带动员工也成为这样的人。聪明的管理者知道,如果不懂得控制情绪,总是感情用事,就会给整个团队带来不必要的麻烦。如果你的管理者是个情绪化

的人，你对待他是不是会小心翼翼，讨论汇报都得看其脸色行事？长此以往，你一定会对他心存不满吧。

在现代企业管理中，管理者情绪的掌控力至关重要，在领导力、沟通协作、关键决策等多方面有着重要影响。情绪甚至超越智商，成为管理者是否优秀的评判标准。同时关于情绪研究的数据表明，管理者的情绪越稳定，其员工给予他的绩效评级就越高，企业的效率也就越高。

对于管理者来说，情绪掌控能力是非常基础的一项能力。很多管理者尽管看过很多书，学过很多理论，却仍然控制不好情绪。这是因为他们心里总有这样一个为自己开脱的理由："我的脾气天生不好，习惯感情用事，但这是我本身的性格，根本改不了。"那么真的改不了吗？当然不是。我们知道，所有人都有性格弱点和不良情绪，那些优秀的管理者也不例外。那么，究竟如何做到这一点呢？方法只有一个：锻炼自控力。

拿破仑·希尔是一位著名的成功学大师，他曾和办公室大楼的管理员产生过矛盾。这个矛盾，引发了一段影响拿破仑·希尔一生的小插曲。

故事是这样的。有一天，拿破仑·希尔到书房里准备一篇演讲稿，刚在书桌前坐下，电灯就突然熄灭了。他知道，这是那个管理员干的，因为对方已经这样做过好多次了。这次，拿破仑·希尔再也压不住心中的怒火了。他立刻跳起来，气冲冲去大楼地下室找这位管理员。等他到那里时，发现管理员正在慢悠悠地往锅炉里铲煤炭，嘴里还吹着口哨，好像什么事也没发生一样。

看到这个场景，拿破仑·希尔更加生气了，他立刻破口大骂，但整整五分钟这个管理员都没说话。后面见拿破仑骂累了，管理员才直起身体，转过头来笑着说道："你不是自诩是一名成功学大师吗？我看你也不过如此。"暴怒的拿破仑听到管理员轻描淡写的这句话，瞬间崩溃了。

是的，站在拿破仑面前的这位文盲管理员，不会写也不会读，但却在这场战斗中打败了大名鼎鼎的拿破仑·希尔。这对拿破仑来说，像是一个讽刺。回到办公室后，拿破仑的情绪才慢慢平静下来，他把这件事反思了一遍后，迅速觉察了自己的错误所在：他应该提前和管理员化解矛盾，而不是在再次发生冲突时，情绪激动地破口大骂。于是，他决定向管理员道歉。

拿破仑·希尔又来到了地下室，用抱歉的语气对管理员说："我是回来为我的行为道歉的，希望你能接受。"管理员依旧微笑着："果然还是拿破仑啊。"

面对一位地位卑微的管理员，拿破仑也会犯情绪化的错误,但同样他也能很快地发现错误,并且放下身份和地位去道歉,也因此获得了他人的尊重和敬佩。此后,拿破仑·希尔总是对人说:"一个人必须学会管理好自己的情绪。不然的话,他永远也无法管理好任何人。"

情绪也是一种成本,是比生产成本、销售成本、管理成本等更隐性、更难掌控的成本。

对于管理者而言,情绪不单单是个人的事情,也会影响到下属及其他部门的员工。职务越高,这种负面影响就越大。所以一个优秀的管理者必须具备一定的情绪控制力。那么管理者应该如何做,才能有效地控制自己的情绪呢?可以从以下两个方面来进行尝试。

1. 时刻提醒,将不良情绪设为警戒线

管理者的负面情绪对团队来说,犹如瘟疫,传染性极强,影响面极广。有时候负面情绪的传播甚至会导致整个团队身心不健康,精神抑郁。

作为管理者,应该谨记释放自己的不良情绪的危害,真正在心里重视起这件事。首先,管理者过于情绪化会影响团队员工工作效率;其次,管理者的情绪会造成严重的经济损失,如上面所说的造成优秀人才的离职;最后,也是最糟糕的,会影响管理者的管理形象,会影响管理者的威信及可信度，甚至影响整个企业的形象。对于一个团队，成也管理者，败自然也是管理者。

因此，当管理者察觉到自己的不良情绪要爆发时，先在心里倒数十秒，想想自己的情绪发泄后所造成的严重危害，并提醒自己：公私分明，那些烦心的事情必须到此为止，员工是无辜的，他们不是来上班挨骂的，而是来创造价值的。

2. 自我观察法控制情绪

自我观察法，即先学会识别自己的不良情绪，这样才有可能将情绪扼杀在摇篮里。可以尝试这样做，每天定时自我询问心情如何，一旦觉得不舒服，如压力过大或者被外界干扰等，那么应该马上消除这种感觉。可以购买办公室减压工具，也可以请假去做自己喜欢的事情以便放松身心，也可以用运动、冥想等方式来调节身心状态。

总而言之，控制情绪并不是压抑情绪，情绪如弹簧，有时候越压抑反而越糟糕。因此，作为管理者，要学会控制情绪，在合适的地方、合适的时间丢弃自己的情绪垃圾。对于一个管理者来说，不仅仅要拥有技术、智商、人脉等等，最重要的是妥善运用情绪的力量，让情绪成为动力，而不是阻力！

第三节 管理者的三个关键角色

管理角色是指管理系统中不同的人所扮演的不同角色。管理学大师明茨伯格曾经深入研究现实，并讨论了这些问题：管理者真正做了什么？他们是怎么做的？为什么要这样做？他花了一周时间，对五位 CEO 的活动进行了观察和研究，五个人分别来自大型资讯公司、教学医院、学校、高科技公司和日用消费品制造商。

明茨伯格发现，在日常工作中，管理者的时间总是被烦琐的事务和人际活动所占用，因此很少做长远考虑，为团队制订长远的目标或计划。尤其显而易见的是，这五位管理者用于考虑决策的平均时间只有九分钟，这意味着他们几乎不可能持久投入地完成一项工作，因为总会被下属或其他部门的人所打断。因此，明茨伯格认为，管理者的本质是多种角色的集合。

他在《管理工作的本质》中，这样解释说："角色这一概念是行为科学从舞台术语中借用过来的。角色就是属于一定职责或者地位的一套有条理的行为。所以，在此基础上，我们把管理者简单分为三种角色，即人际交流的角色、信息沟通的角色和企业决策的角色。要想成为优秀的管理者，首先必须得扮演好每一个角色。

人际角色

管理者在人际交流方面的角色即人际角色，它是在管理者所拥有的权力基础上产生的。人际角色包括三种：代表人角色、领导者角色、沟通者角色。首先，代表人角色是指管理者作为领导在一些活动中行使的具有礼仪性质的角色，如签约、颁奖、讲话等。其次，领导者角色是指管理者领导团队，激励员工积极工作来确保企业运转时所扮演的角色，这也是最常见的一种角色。最后，沟通者角色是指管理者与团队成员或外部客户通过沟通建立良好合作关系时所扮演的角色。

这些角色的行为表现在与人的互动，换句话说，人际角色是指管理者为了实现组织目标而与员工互动的角色。让我们来看一个管理者是如何扮演他的人际角色的。

周一早上，管理者到达公司，召开例行周会，首先听大家汇报上周工作成果及本周工作安排，对提出疑问的部分进行解答，对需要进行裁决的部分做出决定，然后通知大家本周企业的一些新决策及新变化。同时，由于管理者是正式的权威，是一个团体的象征，因此要履行代表人的职能。作为团队的核心，只有管理者能作为所有成员的代表，去接待重要的客户、参加员工的婚礼、主持特殊的仪式等。在角色执行中，很多工作看似是琐碎的小事，但却对企业运转有着重要的影响，切不可被忽视。

另外，作为管理者，你必须关注员工的日常表现及他们的工作业绩，你需要定期和员工沟通，以确保了解他们的工作内容，并提供指导和帮助。管理者也必须花时间和员工沟通绩效目标，为员工制定评价标准，培训和指导员工，并提供资源来激励他们，以此提高工作效能。此外，管理者还需要对外沟通，与跨部门协作的同事进行对接和协作，以使团队适应不断变化的外部要求。

这就是管理者所扮演的三种人际关系角色，这类角色是实现团队目标的关键步骤。

信息角色

在企业管理中，员工必须依靠管理者所提供的信息，才能顺利完成工作。同样，一个团队也只有依靠核心管理者，才能获取和传递必要的信息，以共同协作完成业务。这就是管理者所扮演的信息角色。一般来说，信息角色分为三种，监督者、传播者和发言人。

监督者角色，是指管理者通过关注内外环境变化、接触员工或个人关系网来获取对企业有用的信息，并对信息进行识别和处理，以发现团队和企业所面临的机会和挑战。管理者要落实监督者的职责，就必须时刻保持警惕，既要不断审视外部环境，也要经常和员工、朋友、同事交流，并通过内部分析报告主动获取信息。管理者作为监督者，所收集的信息多数为口头形式的信息，所以传闻和流言较多。

传播者角色，即分配作为监督者获取的信息，保证员工具有必要的信息，以便切实有效地完成工作管理者必须将收集到的信息进行分享和分配，将外部信息传播到组织内部，将内部信息传播给员工，确保团队日常工作所需要的信息畅通无阻。

所谓发言人角色，是指管理者将所收集的信息分给企业外部的人或组织，如消费者、政府、合作伙伴等，使外部利益相关者了解。发言人角色是管理者针对企业外部活动所承担的职责，要不间断地向内部之外传递信息，以确保合作畅通。同时，管理者作为团队的领袖，需要对团队以外的组织分享本团队的计划、成果和方案，使得团队与外部保持密切互动。

决策角色

决策角色即处理信息并得出结论。管理者通过决策让团队按照既定路线行事，并分配资源以保证目标完成。决策角色包括企业家角色、干扰对付者角色、资源分配者角色、谈判者角色。

企业家角色，是指管理者最本职的角色，要求其在职权范围内领导团队进行变革，以适应企业内部或外部市场的需求，取得更好的业绩。

干扰对付者角色，是管理者处理变革所引发的危机时的角色。市场的风险无处不在，每位管理者都必须花费大量的时间来处理危机，只有时刻做好准备，才能以不变应万变。

资源分配者角色，即决定组织资源（财力、设备、时间、信息等）的分配。管理者分配的最重要的资源也许就是自己的时间，这决定着团队的利益。因此，管理者应严格按照任务优先级顺序来安排好自己的时间。

谈判者角色，即花费时间和精力与员工、合作对象等进行必要的谈判，以确保团队能完成目标。管理者相当多的时间都被用于谈判，一是因为作为领导参加谈判能够增加谈判的可靠性，二是因为管理者有足够的权力来支配资源、做出决定。因此，谈判是管理者不可推卸的工作职责，而且是工作的主要部分。

两三个人不可能分享一个管理职位，除非他们能像一个实体一样行动。因此这三种角色也不能分割，除非他们能非常小心地将自己结合起来。管理者的这三种角色形成了一个完全的形态,但这并不是说所有的管理者必须给予每种角色同样的关注,管理者要根据情况适度调整。

第四节 情感投资——诚心才能得人心

随着人的认知和管理理论的发展，在企业中依靠简单的奖惩进行领导和管理的局限性越来越明显，管理者也越来越重视加强自己与员工之间的情感联系。管理者们所进行的这种目的为增进人际关系的努力，在现代社会中被称为——情感投资。

在经济学中，投资必然要求有丰厚的回报。在心理学中，情感是情绪与情感的统称，是指因外部环境刺激所产生的心理变化。综合经济学和心理学，可以将情感投资理解为管理者为了提高员工工作效率，而将个人情感用于现代企业管理中的一种管理手段。人非草木，孰能无情，有时候诉诸理性远不如诉诸情感更有效果，更能增加团队的凝聚力。因此，作为管理者，在企业管理中掌握情感投资这一手段是非常必要的。

为什么需要情感投资？

1. 能为员工营造归属感

管理者对员工的感情投资，会使员工产生归属感，而这种归属感正是员工愿意充分发挥自己能力的重要源泉。将心比心，如果你作为管理者的下属员工，自然不希望自己被排除在领导的视线之外，更不希望自己有朝一日成为被炒或不被重视的对象。而如果得到来自领导的情感投资，你的心里自然会更安稳、更平静，会觉得自己受到管理者的尊重和重视，因此在平时的工作中也更愿意付出自己的聪明与才能。

2. 能发挥员工潜能

管理者对员工的情感投资，能够有效地激发员工潜在的能力，使他们产生强大的使命感、责任感和奉献精神。作为员工，若得到管理者的情感投资，便会觉得自己是被伯乐相中的千里马，同时会产生知恩图报的心理意识，因此也更愿意尽心尽力地工作。

3. 能激发员工的开拓意识

管理者对员工的情感投资，可以有效激发员工的开拓意识，使其获取力量和勇气，在工作中不畏手畏脚，一往无前、大展拳脚。人的创新精神的发挥是有条件的。当一个人心存疑虑时，便不敢创新，抱着"宁可不做，也不可做错"的心理，只做好分内工作，整天混日子。而此时，如果管理者能够对员工进行情感投资，培养出彼此间充分的信任感和亲密感，就能消除其内心的疑虑和胆怯，甚至员工遇到了问题也会大胆请教管理者，这就促进了沟通和交流，因而员工各方面的潜能也就都能发挥出来。

如何进行情感投资？

情感投资是管理者收服员工的最佳管理手段。一般认为投资的对象应为实物资本，而感情作为一种特别的虚拟资本，其投资具有独特的手段和方法。

第一，作为管理者，应该关爱员工、尊重员工和信赖员工。马斯洛的需求层次理论指出，人的需求层次从低到高依次是生理、安全、归属、自尊、自我实现。在这几类需求中，企业中的员工在生理、安全方面都已经得到了保障，同时至少名义上已归属于某个企业，所以，员工们都希望在自尊上能得到满足，进而达到人生的自我实现。每个人都有自尊心，都希望被人尊重，一旦被尊重，便会产生不辱使命的心理，工作意念和干劲就会格外高昂。一个人不论才能高低、职位高低，若无法满足他被尊重的欲望，就会削弱他的工作积极性。因此，作为管理者，应该经常和员工聊天，了解他们的需要，在有困难时，管理者要及时给予帮助，让员工感受到你无时无刻不在的温暖。

第二，管理者要用恰当的方式激励员工，对员工及时给予精神和物质奖励。作为员工，每个人都很在乎自己在管理者心目中的形象，都非常在乎管理者对自己的看法。管理者的表扬往往具有权威性，是员工确立自己在团队和企业中价值和位置的依据。作为管理者，应该及时表扬、奖励和提拔出色的员工，以免让他们产生"反正领导也看不见，干好干坏一个样"的想法。同时，管理者的赞扬不仅表明他对员工的肯定和赏识，还表明管理者很关注员工的事情，他们的一言一行管理者都时刻看在眼里。另外，管理者对员工的赞扬，不仅能够满足员工的成就感和荣誉感，还能够消除员工对管理者本人以及团队、企业的疑虑与隔阂，增进彼此之间的关系，有利于上下团结。

第三，管理者要加强员工的教育和培训，提高员工对企业的信任和工作能力。加强对员工的教育和培养，是现代企业"以人为本"的管理行为的重要环节，也是为了适应现代化、知识化、智能化社会的要求。管理者亲自对员工进行培训，本身就是一种福利措施，员工能从中感到领导对他们价值的肯定。培训不仅可以提高员工的知识水平与劳动技能，同时也可以加强员工的价值观教育，培养企业文化。

第四，对于特别优秀的知识型员工可以实行全面持股计划，使其资本化，让员工的切身利益与企业紧密相连，增强其归属感。

作为管理者，应该明白情感投资是决策民主的内在条件。"兼听则明，偏信则暗"，作为一个优秀的管理者，你必须学会广纳贤言，避免刚愎自用造成决策失误，导致企业产生无法挽回的损失。而适当对员工进行情感投资，深入团队内部听取员工的真心话和建议，群策群力，民主协商，这样不仅有利于培养员工对于企业的责任感，更能使管理者所做的每个决策都民主化。在大家一致同意的情况下，员工执行决策也会更加有效率、有动力。

同时，情感投资有利于团队团结，提高工作效率。古人云："仁者，爱人。"管理者"爱人"的其中一项措施就是进行情感投资。情感投资能够促进管理者和员工之间的感情和信赖，能培养员工的团队意识和合作精神，激发他们对团队、对企业的归属感和责任感，使其对工作充满热情，发挥主观能动性和创造性，进而转化为现实生产力，提高团队绩效，推动企业前进。

总而言之，情感投资的管理手段是对现代知识经济时代"以人为本"的管理理念的适应和应对。德鲁克在《巨变时代的管理》中提出，进入知识经济时代，企业会出现一个新工作群体——"知识工作者"。他们与以往的劳动者有所不同，因为他们自身掌握着部分生产工具，即"知识"。因此，一个优秀的管理者，面对新时代的新工作群体，应该及时做出改变，利用诉诸情感的力量来撬动人才，为企业做出更大贡献。

第五节 非权力性领导：用魅力征服员工

作为管理者，如果想让员工感到满意，那么就要让员工心悦臣服、心甘情愿地做他该做的事。而要做到这些，除了管理上的权威领导外，更重要的是员工对管理者的信服、尊敬、感恩等，这也就是所谓的魅力型权威。换句话说，管理者需要凭借个人魅力，来调动和激励员工，推动整个团队的发展。

所谓魅力型权威，就是基于追随者认为管理者拥有异乎常人的特质，权威的根源是管理者那不一般的神圣、英雄行为或典范特质，是一种超自然的、超乎常人的、不寻常的力量或特质。与权力型权威不同，魅力型权威的存在完全依附于管理者个人的魅力，这种独特的吸引力让所有追随者义无反顾地信服，可以说，所有优秀管理者身上都有这种出众而独特的个人魅力。

什么是魅力型管理者？

1.内涵

魅力型管理者，即管理者通过个人魅力来进行企业管理，对员工产生感召力和吸引力，使员工自愿被管理，并成为管理者的"粉丝"，彼此关系和谐融洽。从本质上说，管理者就是员工愿意追随的人，领导力就是让人追随的能力，而领导魅力则是管理者拥有的能对员工产生影响的能力，即传播学中所说的"意见领袖"。也因此，只有有魅力的人才有人追随，而有人追随才能成为管理者，这样的管理者才能有权威，并且令人信服。

魅力型管理者的非凡品质和人格是其力量源泉。凭借这种力量，能够激发员工追随的愿望，增强团队的凝聚力，促使他们为实现目标心甘情愿地付出努力。

2. 特征

第一，高度自信。魅力型管理者对自己的能力、正确性以及判断力有十足的自信，而越是自信的管理者，越能够对员工产生激励，激励员工全身心地投入工作，以实现管理者的期待。许多魅力型领导人，如乔布斯、马云、马化腾等都能在极大的压力下仍然坚持自己的信念。

第二，通过愿景描述来激励员工。魅力型管理者能够通过对美好愿景的清晰描述，感召追随者，并唤起追随者的激情和献身精神，义无反顾地服从并忠于管理者，愿意为实现目标心甘情愿地付出超常努力。

第三，敢于冒险和创新。魅力型管理者通常都是冒险型的人，其行为往往是非常规的，与组织、行业或社会现有的规范并不一致，甚至有冲突。他们敢于并善于打破传统，进行革新，改变现状。

第四，对环境的敏感性。魅力型管理者具有对现实的洞察力，能够客观评估现有资源环境和限制条件，具备高度洞察力。

如何做一个魅力型领导者？

在未来的企业发展中，人才是成败的关键，而成为魅力型管理者则能够以最少的成本吸纳最好的人才。想要成为一个魅力型管理者可以参考以下几个方法。

1. 不断更新知识

成为魅力型管理者的一项基本能力要求，是拥有知识和才华。尤其是在 21 世纪的互联网时代，管理者需要有很强的学习能力，对新事物保持好奇和探索之心，不断更新知识，并学以致用，这样才能做好管理者工作，才能维持住长久的领导魅力。

依据目前信息社会的发展，魅力型管理者除了具备政治素质外，还必须全面加强、不断更新科技知识。增长知识是培养管理者魅力的重要方面，可以说知识是塑造魅力的基石。文化知识、社会知识、科技知识等，这些是管理者开拓思维、开阔视野、把握发展方向、增强影响力和凝聚力的基本要素。另外，魅力型管理者除了要具有一定的知识内核和结构外，还要培养非凡的创新能力，即非凡的智力水准。没有创新的智力水准，一切就成为纸上谈兵，脱离实际而毫无意义。

2. 不断提升个人素质

管理者的威信，往往是从个人魅力中建立起来的。个人素质的高低影响了个人魅力的深浅，因此管理者要塑造自身魅力，就要不断提升个人素质。全面发展的管理者素质应是渊博的知识、卓越的能力和健全的人格的有机结合，只有全方面达到，才能真正打造有影响力的个人魅力。

3. 不断提高沟通能力

随着团队不断的更新和发展，内部成员都有参与决策的强烈愿望，管理者必须与成员进行有效沟通，善于听取他们的意见和建议。只有建立良好的人际关系，才能激发成员的奉献精神。魅力型管理者应通过描绘组织未来的使命和愿景以鼓舞人心，而团队的使命和愿景必须符合员工的需要和价值观，因此需要管理者通过沟通，传达思想并互通信息，建立与员工的情感联系，转变为魅力型管理者。

作为管理者，应该努力成为魅力型管理者，利用高尚的品格、卓越的才能和非凡的魅力，来吸引人才加入，并有效发挥人才效用，实现自身价值。未来，随着市场经济的迅速发展，人们对经济利益的追逐已常态化，单纯的物质激励作用相对减弱，而管理者的个人魅力往往会在吸引人才方面起到很大作用。

　　魅力型管理者可以通过愿景规划等方式，改变追随者的价值观、信仰和态度，使他们对管理者产生高度的忠诚、奉献精神，使他们主动承担某种角色，全身心投入实现团队目标的工作中。当某种角色与员工的自我概念一致的时候，就加强了某种身份和价值的显著地位，并将员工的行为和目标与他们的身份、价值观、使命联系起来，从而激发其个人的奉献精神。

　　另外，企业文化具有鲜明的个性和差异，往往由管理者的文化素质、性格特征和能力等决定。魅力型管理者的个人魅力直接决定企业的氛围，以自己的才能和影响力将思维和价值观传递给员工。管理者高尚的人格能够在员工中形成向心力和凝聚力，提高员工的忠诚度，从而有利于形成具有高凝聚力的企业文化，降低员工离职率。

　　总之，在企业管理中，魅力型管理者可以凭借自身敏锐的洞察力，在复杂动态的环境中确立企业发展的正确方向；通过清楚的表达能力和强烈的感召力，凝聚团队的力量，激励全体员工积极面对复杂的动态的环境，为企业变革顺利进行付出更多努力，从而有利于企业长远稳定发展。

第六节 你的下属值多少钱?

员工的能力是企业强盛的基石,这是现代企业人才管理最基本的理论。对于管理者而言,人才管理是管理的起点,也是管理的终点。但在学习人才管理之前,管理者首先得学会辨别员工的能力,即要明白什么才是能力。一个优秀的管理者,只有具备有效解构的能力,才能拥有管理人才的能力,推动员工和团队不断成长,促进企业不断壮大。

对于"能力",每个企业管理者都有自己的认知,但往往失于片面。显然,在现代企业发展越来越需要人才资源的时代,管理者缺少标准的员工能力的定义和模型,这也导致员工能力的管理显得非常弹性和模糊,而基于能力的评价和发展体系也就难以建立,成为企业发展的滞缓原因。

针对人才能力判断问题,管理学上不同学者提出过不同的模型,但这在实际应用中却大都显得过于抽象而难以应用。不同类型员工,所需要关注的能力点有哪些不同?员工哪些能力是可以发展的?哪些能力是难以改变的?对于管理者而言,这些问题如果不梳理明白,员工能力是什么就一直会是一团迷雾,而不搞明白这个基础问题,能力体系和能力标准就难以成型,人才管理工作就像雾里看花,难以有效运转。

作为管理者应该知道，从能力的内部逻辑和长期发展性来看，员工能力的属性会决定团队能力的属性的水平高低，即冰山海面以下部分的潜在能力会决定冰山海面以上部分的表象能力。

比如管理者面试应届毕业生时，应注重考察海面以下冰山的能力。因为刚毕业的学生，缺乏工作经验和行业积累，不具备岗位所需要的工作能力和技能，因而只能通过潜在能力来判断其是否合格。任何一家大型企业，都会建立系统的人才培养体系，以便培养具有潜能的应届毕业生，使其尽快提高能力，并构建知识结构，以凸显出海面上的冰山能力。

员工能力的个人特质一般在人生早期就已固定，难以再做出改变，因此管理者应该忽略员工能力的个人特质部分，不必浪费精力过分强求，但个人特质部分可以作为筛选和过滤人才的判断依据。通过面试进入职场的员工，其工作技能和知识经验会通过培训和实践有效发展，快速成长为企业的合格员工。

因此，作为管理者，需要静态地分析员工的能力结构。员工冰山海面以下部分的知识技能与经验经过多年积累已经基本成型，是管理者在面试时需要重点考察的内容，以求在员工入职后能够在短期内积累起对企业有实际价值的技能和经验。

那么，作为管理者，要如何判断自己的员工是否有价值呢？可以参考以下三个问题。

1. 他有人生愿景吗？

所谓人生愿景，其实是一个人想问题、办事情的根本价值诉求，也是他追求的长远价值。如果员工具有这个愿景，那么不管他是否将愿景付诸行动，他的内心都会有强大的渴望，这便是他的潜力，如果管理者善于发现并能够正确引导员工的意愿，那么他们便会为团队创造出巨大的能量。因此，对于管理者而言，员工的人生愿景越强大、越明确，往往就更有价值和潜力。

2. 是否具有逆向思维？

据说，谷歌曾经有个不成文的规定，在某些关键岗位上，宁愿花两倍的价钱雇佣行业内最顶尖的人才，因为一流人才和二流人才的差距是指数级的，不是人们想象中的一点点。作为管理者，区分一流人才和二流人才有一个重要标志，那就是二流人才看自己有什么资源，然后再去做相应的事情，一流的人才先思考自己想要做什么样的事情，然后再找相应的资源。

前者价值更小，因为他在工作中容易被手上的资源所局限，有多大饼就有多少饭量，很容易混日子；后者价值更大，因为他的视野更大，真正能够跳出现有的资源的局限，根据需要不断创造。因此，作为管理者，需要通过工作习惯，细心判断员工是否具有逆向思维，是否属于有潜力和价值的一流人才。

3. 是否具有定力？

人生不是考验爆发力的短跑，而是考验耐力的马拉松。任何"选择"都是以"放弃"为前提的，作为管理者，要准确判断出团队里，哪些人是禁不住诱惑，什么都想要的人。这类人一般缺乏定力，抵抗不住诱惑，走得不会太远。

在了解员工的能力结构后，管理者便要根据其个人特质选择培养或是放弃。首先，明确企业定位和目标，它不是福利组织、学校或教育机构，存在的价值不仅仅是为了员工的发展。对于管理者而言，这决定了组织并不是全面关注和无条件接纳员工的，所以在管理上必然要赏罚分明、优胜劣汰。

其次，企业仍然是员工拼搏和奋斗的地方，需要对员工组织属性能力的提升承担相应的责任。作为管理者，需要考虑组织是否能为员工提供充分的职业成长平台。而个人属性能力部分的提升与成长应交由员工自己安排，员工要通过自身的不断反思和学习而让自己有所提升。

最后，管理者必须明确了解组织的资源是极其有限的，必须投资在员工能力中最有潜力和价值的部分，关注他们在最短时间内能有效提升企业业绩的能力。因此，作为管理者，可以利用轮岗、培训、师徒制等手段来使用和培养人才。管理者应该从多角度评判和提升员工的能力，以便其尽快对企业产生实质的价值，降低人才成本。员工的个人能力属性由于处于完全成型和固定状态，无法轻易改变，只能成为管理者筛选人才、确定理想候选人的参考依据。要成为一名优秀的管理者，必须学会细致的观察，通过员工日常工作来剖析其能力内涵，同时通过专业的能力管理工具，如胜任力模型等进行系统考察，真正理解如何发挥员工价值。

作为管理者，在对员工进行能力管理时，最常用的工具之一便是胜任力模型。胜任力模型，经典的定义是区分高业绩和低业绩员工的深层次特征。然而，胜任力实际上是一种综合能力和行为表现，直接对应当前工作表现，不是海面上的冰山或海面下的冰山，而是介之于中间的，具有潜在稳定性的个人属性的一部分，以及知识、技能和经验的组织属性部分。

它不仅包含纯个人属性的能力特征（即底层的能力特征，如洞察力、敏感度等），还混合了组织属性（如业务特征、工作要求、文化习惯等）。例如，胜任力中的"战略掌握"不仅包含了战略思维的素质，而且还包含了强烈的个人属性，以及对行业发展趋势的动态把握。它具有行业和业务双重属性，是一种综合能力，而最后呈现出来的是与工作绩效相关的行为表现。

每位管理者都有不同的管理工具，胜任力模型仅仅是能力管理工具中的一种，因此在此简单介绍和描述，管理者可以通过深入学习了解不同的模型原理和优劣，选择最适合的自己的，这样才能进行有效的人才管理。

第七节 推脱还是揽责，取决于员工是谁

所谓管理者，是指居于某一管理职位拥有一定管理职权，承担一定管理责任，实施一定管理职能的人。在职权、责任、职能三者之中，职权是履行职责、行使职能的一种手段和条件，同样也是管理者的实质和核心。那么，对于管理者而言，正确履行职责、行使职能便十分重要，尤其是对于团队责任的承担和分配。

有些管理者在事事都按照计划进行时，往往是笑口常开，而一旦发生波折，就立刻板起面孔把责任推给员工，自己撇得一干二净；当工作方案一举成功时，他又独居其功，认为都是自己的功劳。这便是一个失败却又非常常见的管理者行为。一个高明、有度量的管理者，在工作出现失误或失败的时候，绝对不会推卸责任，而是敢于主动地承担责任，甚至把团队的责任都归咎于自己一个人。这样的管理者，不但不会被责怪，反而会受到上级的称赞和下属的爱戴，因为他是一个敢于承担责任的人。

"一切责任都在我。"1980年4月，在营救驻伊朗的美国大使馆人质的作战计划失败后，当时的美国总统吉米·卡特立即在电视上做了如上的声明。而在此之前，美国人对卡特

的评价并不高。有的人甚至评价他是"白宫历史上最差劲的总统"，但仅仅由于上面那一句话，支持卡特的人居然骤增了10%以上。

做下属的最担心的就是做错事，尤其担心费了九牛二虎之力后却闯下大祸，因为随之而来的便是惩罚的问题、责任的问题。不管多仔细、聪明的人，也有阴沟翻船的时候，因为工作本身就是越主动的人越容易犯一连串的错误。犯错的人当然会担惊受怕，因为小则翻了自己的小船，大则捅漏了多人共谋生的大船，他要承担太多的责任和后果。因此，没有哪个人是不害怕承担责任的。

试想想，如果有一天你不小心在工作上犯了大错，胆颤心惊地向领导汇报后，如坐针毡地熬到第二天的部门会议，内心沉重地等待"审判发落"，而这时，你的领导突然像卡特总统一样，简洁有力地说："一切责任都在我！"此时你内心该作何感想？你是否会对你的上级充满感激与敬佩，发誓在未来的工作中一定要加倍努力报答他？总之，卡特总统的例子已经充分地说明，下属及群众对一个上级管理者的评价，往往决定于管理者是否有责任感。

然而，权力是很多人所渴望的，大权独揽的日子更是人们梦寐以求的，作为管理者很容易陷入权力的迷局当中。某人新升为团队的管理者，有点飘飘然，整天琢磨着搞权力集中，下属职员必须事无巨细地向其汇报才能开展下一步的工作。这不仅使得团队运行效率低下，而且使得下属职员们在私底下议论纷纷、怨声载道。而一旦某个工作环节上出现错误，哪怕是小小的疏漏，这位管理者在向上级汇报工作的时候，也会将责任推得一干二净，全然一副自己英明神武、下属昏庸无能的姿态。捞权挡责的管理者是不会长久的，上级将这一切都看在眼里，当时并无任何表示，但没过多久，这个管理者就被辞退了。

评价一个管理者好坏的基本标准，就是看他是否有责任感。这种责任感是在下属出现疏忽的情况下勇于承担责任，并给下属带来安全感。只有在安全伞的保护下的下属才敢大刀阔斧地做事，这样就不至于因为怕承担责任而束缚手脚。然而事实上，面对像卡特总统那样的处境，还能宣称"一切责任都在我"并不容易。大多数管理者在对待下属甚至是自己的错误时，会习惯性地提出各种理由辩护，以免卷入其中遭到连累。殊不知，一个人之所以能成为管理者，成为员工信任的"上级"，就是因为当下属犯错时，他能清醒地意识到这也是自己的错误，因为自己监管不力和所托非人。毕竟管理者的职责之一，就是教导下属如何做事。

因此，知道如何赢得人心的管理者，在下属犯错后会这样处理：首先，冷静地反省自己，回顾工作流程和任务细节，避免错误再次发生；其次，跟下属进行沟通，心平气和地共同分析整个事件，提出改进之处；最后，应该对团队所有人强调——每个人在工作时都应该尽力而为，粗心大意和搪塞应付会受到惩罚。同时，还要让下属们明白，无论发生什么，自己永远是他们坚实的后卫。

那种无论下属的过错如何发生，都大发雷霆、怒不可遏，反复强调"我已经告诉你怎么做"或"我哪里管得了这么多"的管理者们，不仅让下属更害怕面对问题，而且让下属在犯错时不再感到愧疚。长此以往，下属会越来越不服管理者，以至于不可避免地与这种管理者产生冲突，甚至离开团队或企业。同时，只知道责备下属和逃避责任的管理者也会引起上级领导的不满。因此，管理者既要与下属一同承担错误，表现出担当和宽容，也要打破私下的闲言闲语，给下属信任和鼓励。会为下属承担错误的管理者，也是最受欢迎、最会赢得人心的管理者。

管理者是团队的核心，他的一言一行都被众人看在眼里。下属最担心的是做错事情，特别是在使出浑身解数仍然得不到一个好结果的情况下，心理压力无疑是巨大的。但当听到领导的一句"一切责任在我"的时候,一定会有一种天降甘露、如释重负的轻松。

"我是团队的代言人,出了问题请找我。"作为管理者,要成为下属们坚实的后盾,让他们大刀阔斧地去打拼、去奋斗,这样团队才能有所成就,企业才能大步发展。同时也请注意,不管是什么样的下属,只要他在你的团队里,只要你选择了他,就应该为他承担责任,因为这是对一个优秀的管理者最基本的要求。

因此,好的管理者是揽责而不开脱的人。

第八节 横向领导，潜在影响他人

所谓横向领导，也就是"横向领导力"。传统意义上的领导力通常是指管理者对下属的领导，即"驭下有方"。而横向领导力，是作为管理者无须使用管理权力，通过横向领导的方式就可以达到影响他人的效果。简而言之，即真正的管理者，不需要职位。

那么如何来构建自己的横向领导力呢？此处有四个方法和步骤，分别是：管理目标、整理思考、修正计划和管理激励。

管理目标：让你的团队成为一支队伍

美好的愿景是一个团队前进的基石。作为管理者，当你给出的目标并没有让团队团结一致努力时，一般有三个原因：无法激励员工的士气、无法衡量目标与成功的关系、没有提供明确的方向。所以当一个团队出现问题时，往往是因为目标出现了问题。所以，作为管理者必须学会如何制定一个合适的目标。

优秀的目标应符合以下三个要求：鼓励员工付出更大努力，有助于员工对付出的努力和目标进行评估，保证员工的日常工作有助于实现他们想要获得的最终结果。同时管理者需要制定三个时间段的目标：鼓舞人心的长远目标、具有价值的中期目标、即刻去做的短期目标。

值得注意的是，一些听上去有价值的目标可能无法提供方向感。如果目标是取得完美或一流的结果，那么这种目标不会给人任何指导。作为管理者，必须知道不同阶段所追求的不同目标应该是层层递进的，它们应该具有相同的方向，而不该相互矛盾。同时，管理者应该邀请团队成员，共同制定出一组能够指引和激励团队的目标，因为共同制定目标的方式，可以极大地降低团队成员的工作目标相互抵触的风险。

整理思考：快速找到解决问题的方法

作为管理者，可能你具有清晰的目标，但却不知如何实现，也可能你选择了一种方法，但却无法实现你的目标。在这种情况下，你需要在"思考"上多加学习。在团队合作中，只有当所有人都做到相互协调时，集体思维才能发挥出应有的力量。因此，为了实现更好的团队合作效果，管理者需要找到问题所在。

在工作中，管理者往往会被惯性思维和传统思维禁锢住想法，为了应对这种问题，可以将思考拆分为三部分：产生想法、评估想法、做出决定。将产生想法作为单独一个步骤，可以使管理者跳出限制，想出各种各样的备选方案，用于接下来的评估。先产生想法再评估的好处之一在于，这样更容易得到新颖的想法，在进行头脑风暴时，更容易抑制住判断的冲动，因为你知道后面还有机会进行评估。同时，作为管理者的你提出问题时，并不需要亲自回答这个问题，在许多情况下，你可以鼓励人们思考问题如何解决。

修正计划：不断修正，使其趋于完美

思考是没有止境的，学习永远是有必要的。学习新知识和学习如何做事是完全不同的概念。思考要靠行动来提供新的信息，行动需要不断依靠新的思考来修改方向。所以，管理者不能等到计划雕琢得非常完美时才开始行动。推迟计划最大的问题并非是错过好时机，而是非常影响工作效率。所以，你需要尽早行动、立刻行动，因为计划永远不可能达到完美状态。

团队的目标并不是高质量的计划，而是高质量的工作。但是，一旦开始工作，几乎所有人都不再考虑如何改善工作方式。而且，人们不习惯在工作过程中改变方法。因为，和停下来规划新的方案相比，遵循原有的方案感觉更加容易。在某些组织中，命令取代了人们的思考，甚至取代了常识。作为管理者，你无法改变过去，但是你可以从中汲取教训。开始工作并不意味着计划停止完善，而是需要在实践中不断修正计划。计划和实践应该是相互促进的关系。管理者可以按照"准备——行动——总结"的顺序工作，不断重复这个循环，你会发现，每次总结都会产生新的信息，而每次新的信息都会反过来促进计划变得更加完善。

激励管理：让团队成员保持专注

每个人的注意力都有高峰期和低谷期，如何让团队成员长期保持专注，并投入热情，是管理者的一项基本技能，当然这项技能也是需要一定的技巧的。有时候一个人对工作缺乏热情，可能是因为他对工作的理解限制了他的努力程度。经常有人会说："我不想把我的人生浪费在这种事情上。""这份工作无法发挥我的才能。""我做的事情一点也不重要。"对于这种情况，管理者应该通过激励管理来改变他们的看法。首先，改变他们的思维方式，为他们拆解出日常的小任务来实现大目标；其次，为他们创造机会，展示和发挥他们的能力；最后，通过各种对话方式，让他们感受到团队对他们的重视，让其明白就算是无人问津的工作也并不是低级的工作，相反是团队成功的基础，他们的重要性不言而喻。

同时，在团队分工时，作为管理者，对于任务的分配，可以采取更好的分配标准。如，将任务分配给能够完成任务的最小群体；将工作交给胜任这项工作的、级别最低的员工处理；给每个人分配他能胜任的最重要的任务。

在现代社会这个分工精细的背景下，一个人的能力是有限的，要做成大事必须得依靠团队，而作为管理者，更是要通过团队来实现更大的目标。横向领导力可以使管理者通过自己的影响力有效吸纳团队成员来帮助自己实现和完成目标，这是一种更高纬度的能力，通过横向领导力凝聚起来的团队也会更加的团结。因此，在工作中，作为管理者，你无须使用高于同事的领导权利，只需要使用横向领导方法，就可以如鱼得水。

第九节 提升领导力的四个办法

领导力,英文名为 Leadership Challenge,被形容为一系列行为的组合,这些行为将会激励人们跟随领导去要去的地方,而不是简单的服从。根据领导力的定义,我们会看到它存在于我们周围,在管理层、在课堂、在球场、在政府、在军队,从一个小公司到一个小家庭,我们可以在各个层次,各个领域看到领导力,它是带领团队完成每一个项目的核心,但是一个头衔或职务不能自动创造一个领导,即权力上是领导并不意味着你拥有领导力。

作为管理者,要想掌握领导力,首先需要知道什么是领导力。

什么是领导力?

1. 引导团队成员去实现目标

领导力的研究是在关于领导的研究的基础上应运而生的,要弄明白什么是领导力,先要清楚的是,什么是领导?

领导不是职务地位,也不是少数人具有的特权专利,而是一种积极互动的、目的明确的动力。通俗地讲,领导就是引导团队成员去实现目标的过程。主要包括以下几个方面:

(1)引导:涉及到管理者的领导技巧,包括授权和管理下属等；

（2）团队成员：在团队中员工的人际关系、沟通、冲突管理以及团队建设和维持；

（3）目标：涉及到企业的战略目标的制定和决策；

（4）实现过程：涉及到战略实施中的执行，以目标为导向的组织变革和组织创新。

因此，作为优秀的管理者，就需要具备以上的能力，包括：引导、授权、关系管理、战略制定和执行管理、领导创新和组织变革的能力。

2.影响别人也接受别人影响

那么领导力是什么？有多少个管理者，就有多少个领导力的相关定义。有人认为，管理者是处于团队变化和活动的核心地位，并带领团队努力实现愿景的人；有人认为，领导力是一个人先天具有的，能够引导他人完成任务的特点和性格合成的；也有人认为，领导力和管理者及其下属之间的权力关系有关，管理者具有权力，并运用权力影响他人；还有人认为，领导力是一种达成目标的工具，协助团队内部成员实现各自目标。

一千个人心中有一千个哈姆雷特，同样一千个管理者心中也有一千种领导力。但它们都有相同之处：管理行为是一个过程，管理过程会相互影响，管理在一个团队中发生，管理与目标追求有关。因此，我们可以得知，所谓领导力，其实就是一种特殊的人际影响力，团队中的每一个人都会去影响他人，也要接受他人的影响。因此每个员工都具有潜在的和现实的领导力。在团队中，管理者和团队成员共同推动着团队向着既定目标前进，从而构成一个有机的系统。在系统内部具有以下几个要素：管理者的个性特征和领导艺术，员工的主观能动性，管理者与员工之间的积极互动，组织目标的制定及实现过程。

系统正常运行取决于各项要素协调发展，而协调发展的关键就在于管理者和团队成员之间的互动。使管理行为双方的互动形成统一的认识、情感和行为活动，这是领导力正确发挥的必要条件，也是管理者所需要拥有的管理能力。

3. 成为领导他人的人

领导力可以分为两个层面：一是团队的领导力，即团队作为一个整体，对其他团队和个人的影响力，团队层面的领导力涉及团队的文化、战略以及执行力等；二是个体的领导力，对于企业来讲，就是企业各级管理者的领导力。

管理者的领导力是一个团队、一个企业发展的核心元素，作为管理者，只有具备领导力，团队和企业才会有无穷的发展动力。团队领导力的基础是个体的领导力,如何提升和突破领导力,是想要变得优秀卓越的管理者最需解决的问题。

如何才能提升自己的领导力呢?

1. 要学会通过"看到"去学习

在如今这个日新月异的信息时代,只有保持不断学习的能力,才能做到信息通畅,事事领先于人,继而做出明智的决策和计划。但作为管理者,每天除了处理工作外,并没有多少完整的时间能用来学习,任务多、时间紧是常态,因此学会通过"看到"去学习是非常必要的。

台新银行文化艺术基金会董事长郑家钟先生说,他每次带团队出去,回来之后都很想问问大家看到了什么。但是很多人不习惯通过"看到"去学习,觉得事情过去了就算了。比如,举办一场活动,管理者可以提前到场看看:桌椅谁在张罗?如何布置场地?怎样招待来宾?而且,管理者不仅自己要看,也要让团队成员看。这样一个个环节下来,既完成了工作任务,又对团队多了了解,在日后进行资源分配、工作安排时也更合理。

所谓领导力,首先最重要的便是学习能力。在工作中,不管是成功还是失败,不管是什么场合和时间,都是学习的好机会,用眼睛多看,用耳朵多听,细心观察,留意细节。

2. 要学会两种专注

作为管理者,要学会两种专注。一种是搞清问题的专注。很多时候,人们容易用正确的方法解决错误的问题,尽管初心是好的,但导致的错误却越来越大。因此,管理者必须不怕浪费时间,要花 80% 的时间来找到正确的问题。另一种专注是,管理者要专注于解决原因,而不是解决结果。管理者在管理中最重要的功能,是防止团队成员只为结果的失误善后,而忽略导致结果的原因。如果每次都是同一个问题的不断重复,那么管理者就要去找到问题背后的原因,这样才能真正解决问题。

3. 要学会陪伴

作为管理者,如果你的团队遇到问题,要让他们自己想办法;如果他们一时想不出来也先别出手,让团队再试试。这并不意味着管理者只是作壁上观,相反,管理者要一直观察团队成员是怎么想办法的。如果团队成员老卡在一个地方过不去,管理者要用提醒或者暗示推他们一把。要明确最终目的是让团队成员养成自己处理问题的习惯,成为有办法的人。

4. 要养成随时修正自己的习惯

人们不能只靠汲取知识获得成就,还要时常修剪自己的知识。三人行必有我师。管理者要养成见贤思齐的习惯，想想昨天遇到的人有哪些方面是可以学习的，以及自己还有哪些地方可以修正。很多团队停滞不前，都是因为管理者只按照自己的想法做事，一直在修正别人，而不修正自己，长此以往，团队就成为了管理者个人的缩影，当然不能发挥团队强大的力量。

以上是可以参考的提升领导力的四种方法。要想成为一个优秀的管理者，领导力是必备的一项素养和技能，但同样，领导力的提升不是一蹴而就的，需要理论的学习，同样也需要实践的锻炼。

第十节 学无止境，成为学者型管理者

所谓"学者型管理者"，一般是指在综合性或专业性学术上造诣深厚且具有知识系统的人。学者型管理者虽然有自己的理论框架体系，但更强调兼收并蓄。当他遇到不会、不确定的问题时，会真诚、真心地询问身边的人，不管是更高层的管理者，还是自己的下属。在学者型管理者看来，和对方讨论是为了获取信息、知识和能量，所谓的面子和身份并不重要。因此，同样一个案例，在学者型管理者总结和提炼了之后，总是更具通用性和实践性，能发挥更大的价值。面对这样的管理者，团队的成员自然会尊重他、相信他。

那么，如何才能成为学者型管理者呢？

1. 培养远见卓识，形成主导地位

作为管理者，应该在日常的工作、项目和计划中，练习自己的思维能力，将思考结果系统化、理论化，并尝试用清晰的文辞表达出来，为管理决策提供思想基础，进而将个人思考转化为团队及成员的共识与意志，长此以往，即可将管理者的智能领导力作用充分发挥。而如果管理者面对复杂的管理形势，不能形成出众的理论认识，那如何引导团队作战呢？

在一个团队中，管理者若知识多、经验多、善思考，对需要解决的问题能形成系统、清晰、理性的认识，进而以合理的理论观点、文辞表达、决策主张等展示出来，就可以形成管理意识，主导管理活动，带领团队实现目标。

作为学者型管理者，应该具备广博的知识储备和较强的理论功底，即使不必凡事都形成一套独特的创见，至少也应善于做好理论的归纳整理，能够从理论层面发挥出引导和领导作用。因此，养成出众的远见卓识和理论修养水平，是成为学者型管理者的第一要务。

2. 多调研，将理论用于实践

管理者不能做纸上谈兵的"空头理论家"，而要让自己的理论观点、决策主张充分结合实际，切实有效地发挥作用。因此，作为管理者，要勤于调查研究，从实际出发，随时了解外部环境状况，了解内部员工最关心、最迫切需要解决的现实问题，了解管理工作中的实际情况，并进行分析研究，以做出合理、正确的判断，达到应有的领导管理成效。管理者在工作中可将自己学习的理论知识与实践经验结合起来，优势互补，形成更深刻全面的认识能力与更客观准确的认识效果。

同时值得注意的是，有的所谓"学者型管理者"在某些方面虽然显得很有研究,但实际是"空头理论家",因为他们埋头提出的一套套理论,或与现实脱节,无法实施,或虽有条件实施,却效果很差,甚至因为瞎指挥而危害无穷。因此,作为学者型管理者,应避免犯这样的错误,要真正做到将理论用于实践。

3. 善用才干,保证执行管理效果

学者型管理者往往需要花费大量时间和精力来研究和思考重要的问题,并利用管理地位把握管理活动的大方向,能用于身体力行处理各种具体事务的时间、精力乃至经验就可能会相应减少。因此,学者型管理者需要学会善用才干,将自己从烦琐中解放出来,去做更重要的统筹工作。

工作中,每个企业团队中,都会有几个从实践中历练出来的"干练之才",正好可以发挥作用,优势互补。学者型管理者应善于培养、提拔、重用这样的人才,必要时倚之如手足,使自己从高层设计者出发形成的意图、做出的决策,得以付诸实施,保证执行效果。

这里会涉及到管理用人与协调的方法艺术问题,我们前面已讲到一些,如对不同性格的员工使用不同的管理方法,下一章节也会继续讲到,通过学习,管理者可以成功做到对执行型下属的指挥、使用和控制,并妥善处理好跨部门之间的协作关系。

4. 创造实绩，树立权威地位

学者型管理者不仅会追求理想，也更讲究现实，不仅要让人们看到光明的前途，也会善于引领团队克服征途中的困难，解决各种眼前的问题，收获必要而合理的中短期利益，为更好地将事业向前推进打下坚实基础。

因此，作为管理者，善于有计划地提升管理成效，创造事业实绩，让人"眼见为实"，可以让团队在跟随管理者前行的路上更加放心、更有信心。同时，也有助于管理者的理论观点让人信服，思想认识转化为团队共识，决策目标变成为大家共同的奋斗目标，让管理者的实际管理能力得到大家的认可。当然，也要注意避免因急功近利而盲目追求绩效，甚至误入歧途造成负面后果与消极影响，而应争取达到更有利于全局良性发展的效果。若处理得当，可达到理想与现实兼顾、长中短期利益结合，进而以近利济远义，以远义导近利，以实绩证实力，使管理者能够获取更多、更广泛的支持和拥护，权威地位得以进一步巩固。

中国自古有对博学多才的"儒雅之士"的致敬钦慕，甚至引为世人学习的楷模。时至如今，这仍然是学者型管理者受欢迎的一种优势。成为学者型管理者，形成高素养的形象风范，向同事、下属乃至公众展示出良好的示范影响与感召力。当管理者的好学精神、严谨态度、探索勇气、创新能力，甚至言谈举止、个人喜好，被同事、下属、公众所广泛认同，甚至成为他们学习、仿效、尊崇的对象时，管理者的领导力、管理成效就会得到强化，所从事的事业也将会得到更多的呼应、支持和拥护，并得以更顺利地推进。因此，保持不断的学习，成为学者型管理者，能更好地实现对团队的管理和领导。

第三章
用人：高效运作，实现你的管理目标

第一节 明确目标——这样才能走得快又远

目标对管理行为具有引导和规范的作用，管理行为必须按时、准确地指向目标，才能取得良好的效率效益，确保目标成功。制定目标事关管理者的工作绩效，也事关管理者的成败，因而在一定准则和原则的领导下，制定切实可行的管理目标，是非常重要的。那么管理者如何才能利用目标来进行团队管理，让团队走得又快又远呢？

目标领导法

所谓目标领导，其实就是管理者通过确定正确的发展目标，来实现组织发展的恰当定位，激发被管理者的积极性，推动团队发展的工作方法。目标是管理者行为的一个基本要素，确定目标是实施引导功能、推动团队发展的先决条件。能否确定正确的发展目标，能否实现团队发展的恰当定位，是考察管理者预测能力高低和分析能力高低的一个重要指标。可见，确定目标是管理活动的起点，它为决策的制定和实施提供重要的依据。从某种意义上可以说，"目标一旦定好，决策问题已经解决了一半"。

目标领导法分为以下几个环节。

1. 最高目标：保持引导功能

美国管理学家和领导学家杜拉克认为，一般团队中存在三种错误管理因素：一，过分强调管理者个人的技术，以致每个层次的管理者只顾自己的专业技术而忽略团队的总目标，使整个团队成为散沙；二，过分重视最高管理者的个人所好，以致人人尽力讨好，而忽略工作的真正需求，使整个团队成为数位主管人的马屁虫；三，不同层次、不同的意见无法统一，致使没有执行标准，团队无法高效运转。关于如何走出这些误区，杜拉克也给出了解决方案，他提出了以"目标"贯穿各管理层次的方向。

这里所讲的"目标"，也就是与个人价值观相结合的最高目标，因此保持最高目标的引导功能就能成为目标领导法的核心。众所周知，在管理活动中存在着"愿景目标接受随层次降低而逐渐递减"的现象，即越是在组织下层的员工就越难以接受组织的经营或发展目标。"目标接受递减率"的存在要求领导者必须要保持最高目标的导引功能，使最高目标能够内化为每一个人的价值追求。

2. 目标分解："纵向到底、横向到边"

目标分解的原则是"纵向到底、横向到边"。所谓"纵向到底"就是把最高目标一级一级从上往下分解，从组织目标到次级组织目标，再到更次一级的组织目标，最后到个人目标。这一层层展开的过程，是以延伸到每一个人作为终点的。在这个分解的过程中，形成了若干条"手段——目的链"，因为通常上一级实现目标的手段就是下一级的目标。所谓"横向到边"是指在目标的横向分解中，每一个相关的职能部门都要相应地设立自己的目标，而不能出现"盲区"和"失控点"。横向分解后的分目标是处于同一层次的，是实现上级目标的不同手段。可见，为达到总目标必须有部门目标（横向的）和层级目标（纵向的）来支持，这样就把组织的追求、管理者的追求以及团队追求、个人追求统合在了一起，在有机整合的基础上形成了一个左右相连、上下一贯的目标网络，这样的目标体系才能使整个组织更加紧密、更有力量。

对于任何一个组织来说，其目标都可以分为以下几个层次。第一，最高目标。即能够内化为个人心中的价值目标，它是支撑整个组织的精神力量，是整个组织的价值导引，也是构建独特的领导文化的关键所在。第二，总目标。也称基本目标，反映整个组织基本功能和发展方向的总体目标，总目标明确规定组织最基本的活动方向，这是目标分解的基点。第三，职能目标。规定了组织内部各种具体的活动项目，指明人们应当从事或应当开展的工作，本质上反映的是组织内部具体的工作职能和部门追求,这是在总目标基础上进行的第二层目标的分解。第四,工作目标。这是在职能目标的基础上进行的更深一层的目标分解,规定的是目标主体在某一阶段内所应完成的各项具体工作,以及完成工作应达到的程度要求,如时限、数量、质量等方面的要求。

3. 有效选择"挑战性目标"

目标理论的奠基人爱德温·洛克提出,困难的目标会引起比容易目标更高的行为表现水平,具体的困难目标会引起比没有目标,或那种"尽力去做"的泛泛的目标更高水平的行为表现。而所谓挑战性目标就是这种既高又具有现实性的目标。高是指达到目标要有一定的困难,甚至是很大的困难;现实性就是指这项目标不是不可及的,选定这一目标有其不可辩驳的客观依据,即实现这一目标的关键性因素是具备的。这就像运动员登山,他们热衷于新的高度,也只有新的高度,而不是曾经达到的高度,才能激发他们的激情与斗志。

作为管理者,在制定挑战性目标时要因时、因人而异。一般来说,挑战性目标比较适用于那些能力较强、潜力较大的人才,挑战性目标会使他们的才能发挥到极致。同时管理者也应注意,在制定挑战性目标时,应该坚持这样的原则:不断强化必胜的信念,同时要把握好挑战性目标的难度,以免使其产生副作用——挫伤人才的积极性。

　　目标是一种激励力量，这个看法人们已经习以为常了。但是，并非所有的目标都可产生良好的激励作用。制定目标的最终目的是实现目标，只有那些形式简明、内容集中并能为下属所接受的目标才能起到真正的激励作用，那些不能实现的、过于笼统的总目标，在刚提出时可能会对员工产生很大的鼓励效应，但目标长时间停留在抽象的层面而无法实现时，那么这一目标非但不能转化为强化管理者权威的积极力量，反而会成为侵蚀、瓦解管理者权威的消极力量。

　　因此，作为管理者，在运用目标领导法时也必须注意以下两个方面的问题。首先目标的实现对被领导者来说一定要是有益的，即被领导者在目标实现之后能够从中受益；其次，目标的实现对整个组织来说一定要是有益的，即目标的实现必须有利于组织的发展。这样目标领导法才能真正发挥所长，管理者才能用目标为团队注入源源不断的力量。

第二节 流程管理，制度才是真正的老板

作为管理者，管理下属自然是第一要务。但人管人累死人，费力不讨好的感觉想必每一位管理者也都体会过。那么怎样才能让自己成为一个高效的优秀管理者呢？很简单，流程管理，让制度成为真正的老板。

制度的制定与执行实质上是一种重新塑造人的过程。为什么要定制度？原因很简单，当团队某方面的工作操作不规范甚至存在问题时，需要员工明确对自身的行为要求，改变原本习以为常的工作行为，按照制定的制度来执行操作。

关于制度管理有这样一个小例子和大家分享。有个网友提问，说："我们是一家小型生产型公司，在用工制度上规定，凡在试用期的员工不享受公司每月给每人发放一瓶洗衣液的待遇。有一次，工作刚满半个月的生产工人找到公司经理，询问为什么不给他们发放洗衣液。经理回答说，那就发吧。于是第二天公司给每人补发了一瓶洗衣液。请问类似这样随便更改制度的操作可行吗？"

这个提问得到了很多回复，支持派认为，可行，这是以人为本的善理，没有歧视没有高高在上的架子，这样企业肯定会发展壮大。反对派认为，制度第一，任何人都不能随意

更改与违反，否则，制度的动摇会导致管理的动摇。

当制度遇上人情，该如何处理？在企业管理中，如何平衡制度与人情？其中一位网友的回复得到了最多点赞，他认为制度不能随便破坏，但可以进行人性化变通。举个简单的例子，一个小公司，规定如果每个月请假超过三次，则本月没有奖金。一次，一个团队骨干的父亲住院，员工一个月请假超过了五次。但是，他又通过在其他时间加班把自己的工作按时完成了。那么，要不要扣除他这个月的奖金呢？按照制度，自然是要扣的，而且公司也确实扣除了他的奖金。但是，作为管理者的老板自己却拿出了更多的钱补贴给员工，作为公司对他家人的抚慰金，同时也是对他敬业工作的奖励。

这两个案例中，涉及到几个因素：制度的执行、制度的合理性、人性化的变通方式。任何一个公司，制定制度都是为了得到执行，否则，这个制度等同于无效。制度就是一个公司成员间的"信用"，如果每个人都可以随意破坏制度，那么公司的管理层在员工心目中也就没有了信用，因此，不论在哪个例子中，都应该按照制度行事。

当然，要按制度行事，也要考虑到制度的合理性。如果制度合理，就不能随意破坏；如果制度不合理，则需考虑人性化的变通方式。提问者的例子中，公司规定对于试用期和正式员工的不同待遇,是很正常的。而在网友回复所举的例子中,制度明显不合理,那么,就要进行人性化的变通。

  同时,作为管理者也该注意,人性化的变通毕竟不是长久之计,即然认为制度不合理,那么就要对制度进行重新审查。比如网友回复所举的例子中,"奖金和请假次数的关系"可以改为"奖金和工作目标完成情况挂钩",只要完成了工作目标,就可以发放奖金。但是,在制度没有修改之前,是不能够对制度随随便便进行破坏的。

  了解了制度管理的基本概念后,那么,如何正确运用呢?

  1. 检查:你的团队制度执行得如何?

  第一个问题:有没有管理者带头不执行制度的情况?

  在制度颁布后,管理者要求其他人,但自己往往不执行;或者中高层管理人员不执行,只要求一般员工执行。久而久之,上行下效,大家就都不执行了,又回到了"人管人累死人"的局面。

  第二个问题:是否因为忽略过程、只重结果而导致制度无法执行?

  可能制度本身不合理,执行起来过于烦琐,过程中要这个审核、那个签字,很麻烦;而就算不执行制度,只要结果一样,领导同样会高兴,甚至会夸下属"聪明""干得好"。

那久而久之,大家就都会忽略制度流程,只追求结果。

第三个问题:是否因为重人情而导致制度无法执行?

在有的企业里,老板可以"理所当然"地不执行制度。高层管理者违反制度后老板鉴于自己都没能执行制度,所以就对其"网开一面";中层管理者违反了制度后,高层以"有情可原"来为其开脱;而中层管理者对待违反制度的下属员工,有时为了人情关系会用"下不为例"等借口敷衍了事。最后口子越开越大,结果导致制度执行的"大面积塌方"。

管理者可以通过以上三个问题来检查自己的企业、团队在制度流程上是否执行到位了。如果不是,那么就需要做出改变了。

2. 建立:抛弃"熟人文化"

作为企业的领导者,部门的管理者,可能会遇到这样的情况,你的下属喊你 × 姐或 × 哥。这种"熟人文化"很容易导致团队的规章制度形同虚设。为什么?因为一旦你和下属建立起这种界限暧昧的朋友关系,那么就算对方犯了点错,你也只能睁一只眼闭一只眼地放过去。而他们为什么要这么亲切地称呼你?可能其目的是:想要特权,想凌驾于除了你之外的所有人之上,不按规则办事,想在团队里搞特殊化,横着走。

因此,管理者走"群众路线"与员工打成一片的结果很容易是，下属犯了错误，违反了制度，管理者抹不开情面不了了之。后遗症是下属得寸进尺，不拿制度当回事，嬉皮笑脸，整个团队管理接近失控状态。

而如果不这样呢？那事情就好办多了，作为管理者，你和员工是工作关系，契约合同关系，公事公办，规规矩矩地照制度来。为什么？因为不熟，你们只是利益关系，没有私人交情，所以就得小心点儿，否则就会受连累，这就是"生人文化"。因此，作为管理者，要想把团队带好，必须抛弃"熟人文化"建立"生人文化"，不给那些投机取巧的、耍小聪明的人留有空间，这样一来制度的执行当然就顺畅多了。

制度化管理是管理者必须学会的一门课，了解制度化管理，在团队中建立制度化管理，并严格按照制度执行流程，这样才能高效管理、高效做事。同时需要提醒各位管理者，有时可以用适当的惩罚来提升制度的执行力。商鞅曾在《商君书·靳令》中说："行罚，重其轻者，轻者不至，重者不来，此谓以刑去刑，刑去事成。"意思就是说，制度管理一定要用好处罚，对于较轻的犯罪如果施以重罚，那么轻的犯罪就不会来，重的犯罪也就不会发生了，从而达到用刑罚遏止刑罚以及不用刑罚的效果。同样，作为管理者，在制度管理中，用合适的处罚方式可以很好地达到团队管理的功效。

第三节 精准授权收获最佳回报

作为管理者，精准科学地授权给自己的员工，既能锻炼他们的能力，增强他们的责任心，调动他们的积极性、主动性与创造性，同时也能为管理者本人节省更多的时间去做更重要的事。

什么是授权？

所谓授权，就是在团队内部，管理者将团队或企业赋予自己的部分职务权力授予下级员工，以便下属能够在管理者的监督下自主地行动和处理任务，从而为管理者提供完成任务所必需的客观条件。管理者的科学授权能够改善上下级的关系，使之更为融洽，从而营造一种团结合作、奋发向上的团队气氛，有利于改善和提高整个团队的效能。

管理者的授权要因时、因地、因人制宜。因此站在不同角度，根据不同标准，可以将其分为以下不同类型。

1. 口头授权与书面授权

根据授权时所凭借的媒介的不同，可以将管理授权分为口头授权与书面授权。所谓口头授权，就是管理者利用口头语言对下属所做的工作交代，或者是上下级之间根据会议所产生的工作分配，适合临时性与责任较轻的任务。而书面授权,是管理者利用文字形式对下属工作的职责范围、目标任务、负责办法与处理规程等进行明确规定的授权形式,适合正式与长期的任务。作为管理者,在进行授权时,要先厘清任务的轻重缓急,再决定选择何种方式授权,让小任务完成速度快,让大任务明确责任人。

2. 正式授权与非正式授权

根据授权的规范性程度的不同,我们可将管理授权分为正式授权与非正式授权。正式授权是领导根据法律规定并按照法定程序所进行的授权活动,即下属根据其合法地位获得相应职权的过程。非正式授权是指无法律特别规定或组织体系之外的非程序性授权,带有随机性,因机遇与需要而定,往往是临时性的。

如何授权?

不懂授权的管理行为,对管理者和下属皆是伤害,可能会导致管理者每天压力很大,而下属又因没有机会承担任务而成长受限。那么,作为管理者,在了解了授权的大致类型与区别后,具体如何授权才能更有利于团队和企业的发展呢?本节提供四个参考步骤,希望可以帮助管理者做出正确授权的行为。

1. 第一步：任务分类，找出那些不必要的事

很多管理者不懂授权的根本原因，其实就是不知道该将哪些事授权给下属。管理者首先要做的是对自己的工作任务进行分类，找出那些不必自己亲自做的事。当然这些不必要的事包括重复性的工作、对团队或企业影响不大的小事以及可以锻炼下属的任务。作为管理者的主要任务是为团队发展做决策，而下属才需要执行具体的工作。

需要注意的是，授权的基础在于信任，管理者需要对自己的下属充满信心，并抱有促进下属成长的态度去授权任务。如果让下属去负责一个全新的领域，管理者需要给下属示范或嘱咐任务的操作流程及注意事项，等待下属熟练后即可完全授权。

另外，在授权过程中，管理者千万不要为了推卸责任，而随意授权给下属，这样下属非但不会成长，反而会自信心受挫。比如，小张刚入职不久，领导决定把部门采购工作授权给他。首先，领导对小张有充分的信任；其次，领导详细地把具体的采购要求、频次、联系方式及注意事项教给了小张。最后小张心中有数地全权接手了领导指派的任务，并且将其处理得很好，不仅为部门做出了贡献，而且为领导省出了更多的时间。作为管理者，必须懂得把不必要的事充分授

权给下属，这样在下属成长的同时，也能为自己省出精力。

2. 第二步：谨慎选择，找到完成任务的最佳人选

很多管理者将自己不必要的事情列出后，却发现没有合适的人选。是的，一个合适的人，对于成功授权异常重要。管理者平时要善于观察下属，慢慢掌握他们的优缺点。比如小明天天迟到，那么他很可能做事拖拉；小王每天早上到办公室都给同事道早安，那么他待人做事有礼貌，可以做接待工作；小美每周工作汇报的数据都很准确，那么她更适合做精细的工作。管理者要学会按照任务所需人物的性格特质，在团队中找到合适的负责人。比如，王总最近需要完成一份工作汇报的文案，但是里面很多数据需要一一核对，想起之前小美工作汇报的数据从来没有出过错误，那么王总就可以将这项任务授权给小美。

3. 第三步：分配任务，明确工作的具体内容

当找到合适的人时，厘清需要授权的事，接下来管理者则需要交代清楚具体工作的内容。有的管理者爱说："××，明天帮我把报告做好！"这样的授权，其实是非常不负责任的，因为管理者一没有说明任务时限，二没有说明任务重点，只能让下属自行揣摩，同时让人觉得苦不堪言。能做到正确授权的管理者此时应说："××，明天上午十点开会我需要这

份报告，帮忙将报告的封面及数据处理这两页美化一下。明天上午九点半之前发到我邮箱，辛苦了！"这样的授权才是合理的方式，因为它指明了时间及具体的事务。

很多管理者大呼小叫，觉得下属完不成好任务，但其实是他们从未将正确的任务指令传达给下属。他们或太过急躁，直接甩给下属"一句话"任务；或者不在乎实际情况，直接要求下属在不可能的时限中完成任务。很明显，这样的授权方式，不仅不利于双方建立长久的信任关系，甚至还会将彼此越推越远。因此，作为管理者，在授权工作时，必须将要做的内容指明说清，这样才利于任务的完成。

4. 第四步：获取反馈，跟踪事情的进展

也有很多管理者把前三步做得很漂亮，但偏偏遗漏了第四步。作为管理者，要明白如果没有第四步，所谓的授权就等于放任不管。管理者将工作授权给下属，并不意味着可以撒手不管。因此，管理者必须时时监控任务的执行情况，并定期让下属进行汇报。管理者需要把握任务的整体方向，并解决下属在执行过程中所遇到的困难。比如小黑最近很郁闷，因为领导给了他一个为期三个月的任务，但他每次找领导询问意见，领导都说这个任务很简单，让他自行决策，自己工作很忙。小黑遇到一些棘手问题，想请示领导，却被领导批评为无能，他只好默默地执行任务。然而，任务汇报那天现场一片混乱，领导想要的数据并非小黑所呈现的。最终领导勃然大怒，并指责小黑的能力太差。但其实，旁观者清，上述案例的错误根源并不在于小黑，而在于那个不会授权的管理者。管理者对于授权出去的任务，要承担监督权，要在大方向上为下属做指引，而不能放纵不管。

  作为管理者，掌握精确、科学的授权方式是非常重要的，这不仅能让管理者的时间得到有效的利用，创造更大的价值，同时也会增强员工以及团队的责任感和工作能力，这对于团队和企业的长期发展都是非常重要的。

第四节 人多力量大——如何实现 1+1>2？

在开始先问大家一个问题：团队文化对于一支球队来说意味着什么？答案是一切。为什么呢？因为在一支球队中，当所有人整日都待在一起时，能产生化学反应的成员们就会状态良好，而这最终会体现在赛场的表现上。球队是合作的胜利，不是个人的英雄展示。同样，这个道理不仅适用于球队，也适用于企业。

作为管理者，在团队管理时你可能会忍不住发出疑问："为什么别人的团队那么厉害，我的团队怎么什么都不行？"答案很简单，因为别的团队做到了 1+1>2，而你的团队仍然是 1+1<1。哈佛大学曾做过一项研究，他们跟踪不同领域的企业团队，结果发现拥有高合作文化的团队十年内取得的净收益是普通团队的 782%。的确，在一个团结合作、集体力量大于个人力量的团队里，员工会时刻感受到归属感，更容易激发出潜力和能力，也更容易造就伟大的战绩。

那么该如何来做呢？

首先，建立强性的团队文化。我们一般认为，团队文化属于软技能，由于其无法定量考察，因此微妙且复杂，但科学研究为我们揭开了团队文化的面纱，它并不仅仅是一套表明上的言辞,更是一套身体行为的语言,它能够创造开放性、畅通性的团队氛围,并为团队发展指明前进方向。

团队文化的行为语言能给员工带来安全感,因为当我们和其他人共享一个信念,共同创造一个故事时,我们就被连接在了一起,同时也决定了我们的方向。所有强大的团队都具有这样的共性,无论是什么样的企业,成功的团队在本质上都是相同的。

团队文化建立的关键便是要允许成员说实话。如果管理者在面对一项新挑战时说:"其实我也并不是什么都知道。你们有什么想法?"这样的举动释放的信号很强大,可以让员工解下防备之心,袒露真实情况。我们经常对一个问题有所误解,那就是以为袒露弱点会导致事情变糟,但事实往往相反。

美国著名的海豹突击队里有一位指挥官叫戴夫·库特,抓住本拉登的那支队伍就是他负责训练的。他曾说过:"一个长官最重要的四字箴言就是——我搞砸了。"他之所以这么说,是因为在军队里等级意识往往根深蒂固,大家通常觉得,长官就该连子弹都不怕,就该时刻充满自信。事实是这样吗?当然不是。

因此要让员工将袒露弱点培养成一个日常习惯。管理者可以采取"行动评估",即每次分配任务或者周会时都留出一些时间来询问和解决员工的一些问题:大家哪些方面进展顺利?哪些方面进展不顺利?有什么别的办法吗?一开始,直面缺陷、公开讨论自己的弱点会让大家有点难熬,但这也是一个团体在一起做的最重要的事情之一。绝大多数团队失败的原因,就是员工刻意隐藏事实,不能就自己的问题和缺陷展开坦诚交流。"行动评估"作为一个有效环节,可以帮助团队就需要共同解决的问题搭建起共用的思维模式。

其次,团队必须建立安全感,让大家感受到一种归属感,从而相信自己能取得成功。这里的意思不仅要表达"我们欢迎你、团队福利好、我很喜欢你这种人",而要非常明确和内化,如"在这里我们可以彼此成就,创造一些东西"。有一家公司总留不住人才,于是他们调整了培训内容,增加了一小时的提问时间:你感觉最棒的一天都做了什么?你感觉最糟的一天都发生了什么事情?假设我们身在一个沙漠荒岛,你觉得哪些技能有助于活下来?结果,那个小组的留存率上升了270%。这些问题就是一个明确的信号:"我们是个认真的团队,并且时刻在关注你!"

最后,信任很重要,无论是对管理者还是对同事来说都一样。根据研究结果,成功的团队的习惯表明,当一个集体的成员敢于暴露弱点时，信任自然也就建立起来了。当团队聚在一起展开"行动评估"或者探讨实际发生的情况以及错误时，这种相互袒露弱点的行为能够铸就一种亲密感。就像人身上的肌肉如果感知到疼痛，就会越变越强，团队变强的方式也是同样的道理。因此，作为管理者，你不能被动等待信任凭空出现，而是要有针对性地来建立信任。

我曾经看过一个调查研究，是关于负责操控导弹发射井的团队人员的。他们的团队文化无疑是很糟糕的：错误百出，士气低落。一开始我表示可以理解，毕竟这些人是控制导弹发射按钮的。但后来发现之所以会这样，根本原因不是因为工作责任过于重大，而是他们的工作毫无安全感可言。他们上班的地方都很偏僻荒凉，精神上十分孤独，同时工作又要求他们必须做到完美无缺，一旦犯错误，他们就会受到惩罚。在没有安全感的环境下，自然不可能有什么融洽与信任。

安全感是团队的基石，如果连安全感不存在，那么团队文化又从何谈起？如果没有给员工犯错的机会，那么又如何建立安全感呢？因此，智慧的团队文化允许员工犯错、有弱点。要让员工敢于承认自己并不是无所不能的，管理者要对他们搞砸一件事情做好准备，一旦发生，只需让他们及时改正并汲取教训。

通常，在权威型文化模式下，员工不能犯错，管理者掌握所有答案，但这种模式仅适用于解决简单的问题。当问题越来越复杂，环境越来越多变的时候，管理者需要通过团队实现目标的统一，需要让大家共担风险，这样团队发展才能越来越好。以前的模式不再奏效，想要创造一个安全的团体环境，必须要进行目的管理，从而打造一个巨人，一个大于个体集合的、更加智慧的集体。

团队这个词已经太常见，也用得太泛滥，因此很多管理者只听过，但从没有认真研究过团队的意义。并不是一群人在一起，就可以称为团队，也不是有个"××小组"的名字就算是团队了，真正的团队是要成为一个巨人，实现 1+1>2 的效果和力量。

最后，关于团队的重要性，对于管理者来说已经是老生常谈了。但现在这个多变的环境，又为团队协作带来了许多新的挑战。此时此刻，作为管理者，必须重视团队的意义，以及团队如何在这个高速且多变的世界里运作，这样才能不断创造价值，最终获得成功。

第五节 高效沟通——建立有效谈话渠道

沟通无处不在，有效的沟通是人际交往和现代企业管理所必需的技能之一。作为管理者，其工作从一定意义上来说就是沟通行为的过程，也可以称之为管理沟通。管理沟通，从概念来讲，就是为了一个设定的目标，把信息、思想和感情在特定的个体或群体间传递，并达成共同协议的过程。

从结果上讲，沟通存在着有效沟通和无效沟通两种。所谓有效沟通就是成功的沟通。有效沟通需要建立良好的沟通渠道，通过掌握沟通技巧来解决各种各样的沟通障碍。对于管理者而言，有效沟通是实施现代企业管理的主要手段办法，是正确决策的前提和基础，是统一思想和行动的工具，是建立良好人际关系的关键，是实现企业和谐发展的重要基石。

作为管理者必须明白信息的有效程度决定了沟通的有效程度。信息的有效程度主要取决于以下两个方面。

1. 信息的透明程度

公布信息时，应该尽量避免信息的不对称传达。信息的公布并不意味着简单的传递，而要确保作为信息接收者的员工能理解信息的内涵。如果管理者以一种模棱两可的、含糊不清的文字语言传递一种不清晰的、使人难以理解的信息，那对于员工而言没有任何意义。另一方面，员工也有权获知与自身利益相关的信息内涵，否则有可能导致员工对管理者的行为动机产生怀疑。

2.信息的反馈程度

有效沟通是一种动态的双向行为，而双向的沟通能让管理者得到充分的反馈。

那么如何才能做到有效沟通呢？可以参考以下四个法则。

1.法则一：沟通需要感知力

禅宗曾提出过一个问题："若林中树倒时无人听见，会有声响吗？"答曰："没有。"树倒了，确实会产生声波，但除非有人感知到了，否则，就是没有声响的。同理，沟通只在存在信息接收者时才会发生。

因此，管理者必须要在信息接收者能够理解的语境中讲话。如果管理者在和一个技术员工讨论技术问题，那他必须用对方熟悉的语言，否则这个讨论就没有意义。而在谈话时试图向他们解释管理者常用的专门用语并无益处，因为这些用语已超出了他们的感知能力。个人的认知取决于他的教育背景、过去的经历以及他的情绪。如果管理者没有意识到这些问题的话，其沟通将会是无效的。另外，晦涩的语句就意味着杂乱的思路，所以，管理者需要修正的不仅是语句，更是语句背后的思维逻辑。

同时,有效的沟通也取决于信息接收者能否正确地理解信息。例如经理告诉他的助手:"请尽快处理这件事,好吗?"助手会根据老板的语气、表达方式和身体语言来判断,这究竟是命令还是请求。管理大师德鲁克说:"人无法只靠一句话来沟通,总是得靠整个人来沟通。"所以,作为管理者,无论使用什么样的渠道,沟通的首要问题必须是:这个消息是否在他的接收范围之内?他能否收得到?他会如何理解?"

2. 法则二:沟通是一种期望

对管理者来说,在进行沟通之前,了解员工的期待是什么显得尤为重要。只有这样,管理者才可以知道是否能利用员工的期望来进行沟通,或者是否需要突破他的期望,并迫使他领悟到新事物的变化。因为人们所察觉到的,都是人们期望察觉到的东西,这种心智模式会使人们强烈抗拒任何不符合其"期望"的企图,出乎意料之外的信息通常是不会被接收的。

一位经理安排一名主管去管理一个生产车间,但是这位主管认为,管理车间这样混乱的部门是件费力不讨好的事。于是经理就要了解主管的期望,如果这位主管是一位积极进取的年轻人,经理就应该告诉他,管理生产车间更能锻炼和反映他的能力；相反，如果这位主管是个得过且过的人，经理就应该告诉他，由于公司精简人员，他必须去车间，否则只有离开公司。如此沟通，不仅高效，而且精准。

3. 法则三：沟通产生要求

一个人一般不会做不必要的沟通。沟通可以说永远都是一种"宣传"，都是为了达到某种目的，比如发号施令、指导、斥责等。沟通总是会产生要求，它总是要求信息接收者要成为某人、完成某事或者相信某种理念。换言之，如果信息能够符合接收者的渴望、价值与目的的话，它就具有说服力，此时沟通会改变一个人的性格、价值、信仰与渴望。但假如信息违背了接收者的渴望、价值与动机，那么可能一点也不会被接受，最坏的情况是引起接收者抗拒。

因此，管理者需要在沟通中将要求隐性化，或者以其他方式的协助来提出要求，比如完成任务就有奖金、加班有加班费或者任务完成请吃饭等，对方一旦感到付出与收获的对等，继而也就会信任宣传。

4. 法则四：沟通不是不对信息进行加工

公司发布年度报表的行为不是沟通，在每年一度的股东大会上董事会主席的讲话才是沟通。当然这一沟通是建立在年度报表中的数字之上的。沟通以信息为基础，但和罗列信息不是一回事。

很多管理者总是将沟通和罗列信息混为一谈，但其实二者大有不同。信息与人无涉，不是人际间的关系。它越不涉及诸如情感、价值、期望与认知等人的成分，就越有效且越值得信赖。信息可以按逻辑关系排列，技术上也可以储存和复制。信息过多或与主题不相关都会使沟通达不到预期效果。而沟通是在人与人之间进行的，包含人的各种感情。信息是中性的，而沟通的背后都隐藏着目的，并且由于沟通者和信息接收者的认知和意图不同而显得多姿多彩。

尽管信息对于沟通来说必不可少，但信息过多也会阻碍沟通。"越战"期间，美国国防部陷入了铺天盖地的数据中。信息就像照明灯一样，当灯光过于刺眼时，人眼会瞎，信息过多也会让人无所适从。因此，作为管理者，在沟通中学会删繁就简、整合信息也是一件很必要的事情。

沟通是一种技能，是一个人对本身知识能力、表达能力、行为能力的发挥。尤其是作为企业管理者，有效沟通是其必不可少的基本技能。有效沟通的实现既需要管理者清晰地表达信息的内涵，以便员工能确切理解，同时也需要管理者重视员工的反应，并根据其反应及时修正信息的传递方式，避免不必要的误会。

第六节　正确的团队关系

每个企业、每个团队都有其自身独特的文化,加入就要认同其理念。作为管理者,与团队成员进行充分沟通,塑造良好的团队关系是非常重要的。我国著名管理专家沈荷生先生认为,在企业管理领域,构建和谐的团队关系,也是一项重要任务,在企业里,打造同心同德、精诚合作的"和"文化,能够有效地将企业的综合实力发挥到最大。在我们的传统文化中,"和"文化也是非常重要的,直到今日,还可以经常听到"以和为贵""和气生财""家和万事兴"等包含传统"和"文化意蕴的成语,而良好的团队关系,从一定意义上来说就是和谐的团队关系。

和谐的团队关系是企业的一种重要而无形的资产,团队绩效在很大程度上依赖于团队内部相互信任、协同合作的关系。信任是由团队成员关系的质量决定的,构建和谐的团队关系将会极大地提升团队价值。

那么如何才能构建和谐的团队关系呢?可以参考下面几个步骤。

1. 杜绝负关系,构建正关系

在团队关系中,既有正向关系,如团结、友好、协作、互助等，也有负向关系，如冲突、矛盾、自私自利、勾心斗角等。如果团队中充满相互猜忌、拆台等负关系，内耗不断，员工就会缺乏团队精神，很难与别人合作，且不会安心工作，总是想为个人谋求私利。在这样的团队中，员工的才能很难施展，也无法为团队创造出应有的业绩，其结果肯定是个人和团队双输。

与之相反，古往今来，各行各业中优秀的团队，无一不是拥有浓厚的正向关系氛围的，员工之间相互信任、相互督促，工作积极向上，只有这样团队所释放出来的能量才大于个人投入努力的总和，也就是之前所说的 1+1>2。

2. 厘清工作关系和生活关系

构建正向关系的团队是大家所共同期待的，但需要注意的是，团队中往往同时具备"以业务为主线，以业绩为导向的工作关系"和"以人际交流为主线，以朋友为导向的生活关系"这样两种关系模式。生活关系是工作关系的基础，工作关系是目的。良好的生活关系是工作关系的润滑剂，能够缓和因竞争而导致的紧张工作关系，化解冲突，促进工作关系发展。

但作为管理者应该注意，你不能单纯以发展朋友式的生活关系为主来构建团队关系，优秀的团队关系不在于"大家能否和睦相处",而在于能否取得创造良好的绩效。沈荷生认为,"良好的人际关系"如果不是根植于良好的工作绩效所带来的满足感与和谐合理的工作关系,那么其实只是脆弱的人际关系,会导致团队精神不良,不能促使员工成长,只会令他们顺从和退缩。

3. 明确工作关系的目的和意义

优秀的团队管理者应当把主要的精力放在构建工作关系上,建立良好的工作关系能使员工超越个人的立场,和团队中的成员相互联系、相互支持、相互协作、相互促进,既帮助别人,又能得到别人的帮助。这样相互支持和帮助的团队文化无疑也会给企业创造良好的氛围,员工能够充分发挥自己的专业所长,共同为企业做贡献。管理大师德鲁克曾说过,企业需要的就是一个管理原则。这一原则能够让个人充分发挥特长、担负责任,凝聚共同的愿景,指出一致的努力方向,建立起团队合作和集体协作,并能调和个人目标与共同利益。

4. 如何建立良好的工作关系?

建立良好的工作关系主要依靠团队管理者的领导行为,领导行为主要是指团队管理者带领团队成员实现共同目标的方式和方法。

（1）以工作会议凝聚员工

团队管理者的主要工作方式，就是通过会议形式，将管理意志变为团队意志，然后落实。好的管理者肯定是善于开会的管理者，一个优秀的团队经常召开的会议有激励型会议、激荡型会议，还有程序型的会议。关于工作会议的具体内容我们后续会展开讲述。

作为团队管理者，可以通过会议，激发成员积极性，凝聚共识，从大家的智慧中提取归纳出合理有效的方案，从而为团队制定工作策略、前进路线。

（2）塑造尊重员工的团队氛围

除了工作会议之外，管理者还应尊重员工，让员工成为自己心目中的"主角"。团队应当举行一些活动，创造一些机会，让员工感觉被尊重、被重视，比如：为员工庆祝生日，主角要在宴会上跟大家分享他的人生经历，包括在公司的成长历程；定期举行文体活动，振奋团队精神，提高普通员工的团队荣誉感；还可以举行一些演讲比赛，围绕着个人理想、人生规划等主题，让员工充分表达内心的梦想。管理者要懂得给团队成员营造梦想，并通过不断强化这些梦想，对员工形成激励，也许说得多了，还真会美梦成真。

总之，不论在什么样的团队，相互尊重都是打造和谐团队关系的基础。只有当团队成员彼此尊重对方的意见和观点，尊重对方的知识与技能，尊重个体的差异与需求，欣赏对方的才华与贡献时，团队才能和谐地运转。

（3）提高员工的责任感

所谓的责任感，即每个人都能在对自己的岗位负责的基础上，对团队其他成员负责，对团队本身负责，积极完成本职工作的同时协助同事完成任务。这样就犹如"万涓成水终究汇流成河"，团队目标的实现自然会顺理成章，水到渠成。我们也在其他章节详细讲过不少，培养责任感既需要员工个人的努力，同时也需要管理者长期的"驯化"，让员工耳濡目染。

（4）沟通强化团队关系

建设优秀的团队，沟通很重要，这是毋庸置疑的。团队成员之间，难免会产生矛盾和冲突。所以，就必须加强团队成员间的沟通，促使成员相互了解、相互帮助，使每个人都能发挥最大的作用，最终实现团队的整体目标。沟通是构建和谐团队关系的关键，一个团队要实现高效运转，必须充满生机和活力。有效沟通，既有赖于下情能为上知，上意能速下达，也有赖于团队成员之间互通信息，达成一致，协同作战。

同时，良好的沟通还能化解矛盾、澄清疑虑、消除误会，能让员工在团队中感觉到尊重和信任，从而产生极大的责任感、认同感和归属感，促使员工以强烈的责任心和奉献精神为团队工作。

总而言之，对管理者而言，打造和谐的团队关系是企业发展的重要前提和基础，俗话说："兄弟齐心，其利断金。"只有全体员工心往一处想、劲往一处使，齐心协力、产生合力，才能形成强大的战斗力，企业才能实现持续发展的目标。

第七节 训斥——你的批评价值万金

在企业管理中，尽管通常提倡赏识和鼓励，但一味赏识、鼓励，却会让人难以正视自己的缺点，久而久之，管理者的正面激励，就会让员工变得飘飘然甚至傲慢自大，以至于不再服从管理者的安排。很多老好人式的管理者常常陷入困境，下属不买他的账，不怎么服从管理；而那些素来严厉的管理者，关键时只需要一个微笑、一句肯定，就能让下属感激不已、奋力向前。因此，相比一个从不批评人的管理者，一个会批评人的管理者在给员工称赞时，往往能给他们带来更大的激励感。

批评具有激励和约束两重功能，是管理者最常用的管理手段之一。下属犯错误时，必须及时批评。批评能让员工对这份工作产生更大的认同感和积极性。试想一下，如果只有嘉奖，员工就很容易将自己的工作积极性建立在激励这个外部条件之上。你鼓励，他积极；你不鼓励，他就可能变得不积极。但恰当的批评责备，会让员工开始反省自己，从内部去寻找和确认自己的缺点和不足。这就是会批评人的管理者，比起从不批评人的管理者，所得到的好处。所以，批评下属是必要的。

然而，并不是每个管理者都懂得批评的技巧。从不批评下属的领导不是好领导，不会批评艺术的领导也不是好领导。批评人的轻重和频次，千万要拿捏好。不少管理者在批评下属时把握不住轻重：说轻了没有效果，说重了又容易让下属产生抵触情绪；不发脾气下属记不住，发脾气下属又以为领导只是在发泄。管理者应该注意，批评是一种激励方式，而不是以苛责和谩骂为目的的。大声责骂甚至训斥，不但无助于问题的解决，反而容易激化矛盾。既然错误已经发生，管理者应做的是减少损失，并激励员工，避免错误再次发生。

那么，管理者应该如何批评下属，让自己的批评价值万金呢？

1. 肥皂水效应

理发师给人刮胡子之前，会先涂些肥皂水，这样刮起来人就不觉得痛。美国总统柯立芝的秘书很漂亮，但工作经常出错。一天，柯立芝对她说："你这衣服真漂亮，正适合你这样漂亮的小姐。"女秘书受宠若惊。柯立芝接着说："我相信你同样能把公文处理得像你一样漂亮。"从那天起，女秘书再也没出过错误。

所谓肥皂水效应，也就是在批评下属时利用一些称赞的话语作为掩护，降低批评给对方带来的不适感。因此，管理者需要在批评时注意场合，下属出现过失，只要他认识到错了，就没必要当众批评或要求其公开检讨了。同时也要注意批评时机，例如，员工正在忙一个今天就截止的项目，你非要此时找他谈话，那他自然会心不在焉甚至还会对管理者产生反感，认为你分不清重点。

2. 保龄球效应

两名保龄球教练训练队员。双方的队员都打倒了7只瓶。教练甲说："很好！打倒7只。"队员听后很受鼓舞。教练乙则对队员说："怎么搞的？还有3只没打倒。"队员听了指责，心里很不服气。结果，甲队成绩持续上升，乙队成绩不断下滑。美国著名经理人史考伯说："在被赞许的情况下，远比在被批评的情况下工作，成绩更佳、更卖力气。"

因此管理者可以在批评时传递对员工的期望，比如说："小王，你一直很细心，怎么会犯这种错误呢？是不是没有休息好？"这种询问的口气传递了一种期望下属做得更好的信息，下属产生惭愧之心，便会更加努力，以不辜负领导期望。

"先赞扬，再批评，后忠告"的批评方式叫作"三明治式批评"。从赞扬优点开始，然后提出批评，最后给予忠告，就像外科医生手术前用麻醉药一样，能把病人的痛苦程度降到最低。但应注意，这种套路式批评不应经常使用，不然员工会产生免疫，会觉得"领导又夸我了，估计又要批评我"，一旦员工产生厌烦，这种套路就彻底没用了。

3. 降低音调，善用肢体语言

很多管理者，在批评下属的时候，总是厉声呵斥，其实这是很愚蠢的批评方式。在他们看来，声色俱厉才会让下属感到害怕。其实不然，这样做下属虽然害怕，但是并不会心服。管理学中有一个"春风法则"：要让一个人脱掉外套，春风远比寒风管用。所以，批评的时候，音调低一点，语气暖一点，下属更乐于改正错误。

同时管理者应善于运用肢体语言。批评下属时，善于运用肢体语言，会起到良好的辅助效果。比如，一个温和的眼神，一个无奈的微笑，会迅速消除下属的心理防卫。面对个性张扬的员工，管理者更要注意自己的身体语言，不要流露出迟疑、害怕或紧张的情绪。如果管理者被下属一眼看穿内心，只会让沟通变得更加困难。

4. 尊重员工

批评也是一种沟通，沟通一定要建立在平等和尊重的基础上，这样才易于让下属接受。所以，管理者要灵活运用批评和自我批评，放下架子，适当地矮化自己，做一做自我批评，这样会大大增强批评的效果。比如，管理者在面对问题时可以说："这件事，我有一定的管理责任，说说看，我们应该如何改进。"管理者如此谦和，下属能不虚心接受批评吗？

此外管理者还应把握好适度原则，批评员工时，应该适可而止。下属充分认识到自己的错误后，管理者应该尽快结束批评，不应该经常将下属的错误挂在嘴边上，喋喋不休地反复唠叨。没完没了的批评会让下属感到厌烦。正确的批评方法是，把批评的时间控制在一分钟之内，点到为止，既能起到批评效果，又能维护下属尊严。

在职场中，大部分员工还是希望努力工作，获得认同和成就。因此，作为管理者，应该及时关注员工状态，用正确合适的批评方法，来督促员工不断进步和成长，从而培养员工对管理者、对团队、对企业的认可、尊重和信心。只有这样，企业和员工之间才能实现双赢。

第八节　表扬——把激励送给合适的人

《金融时报》最佳畅销书《管人的真理》中介绍说，有一项对于 1500 位来自不同岗位的人的调查，旨在发现什么是最有力的职场激励因素，被调查者的反馈是认可、表扬。但尽管认可和表扬很重要，却依然有相当大一部分管理者不会也不愿意这么做。为什么呢？原因有三点：一是管理者不知道如何表扬，如表扬的时机、表扬的力度、表扬的方式；二是企业文化抑制这种做法，如担心形成竞争等；三是人的心理作用，包括管理者和员工双方相处时的害羞、内敛或妒忌等。

赞赏和认可之所以重要，是因为这也是一种反馈，属于积极性反馈。所谓积极性反馈，就是员工完成任务，甚至超过既定的目标时，管理者需要给他一个反馈，以激励他下次任务的完成。比尔·盖茨就深谙反馈的重要性。他曾在 TED 大会上发表过十分钟的演讲。他开场所说的第一句话是 "Everyone needs a coach（每个人都需要一个教练）"。他说："无论你是篮球运动员、网球运动员、体操运动员，还是打桥牌的，都需要能反馈信息的人，这是我们能不断发展自我的方式。"

积极性反馈对员工很重要。举个例子，如果你的员工把某一件事情做得特别好，结果你忽略了他，没有做任何反馈，员工可能就会想："这件事我这么努力也做得并不是很好。"那么很有可能他原来能做好的一件事情后面反而做不好了。因此，对管理者而言，学会表扬是和学会批评一样重要的一件事情。

很多管理者不知道如何去赞赏员工。表扬也不是一件简单、随意的事情，表扬是非常人性化且具有针对性的。大部分企业管理者一直在使用传统的表扬方式，如"小李，做得很好""这个月大家都很棒，希望下个月再接再厉"等。但这种表扬方式往往不能让管理者产生影响力，也不会给员工留下深刻的印象，因为太笼统了，太不走心了。

那么对于管理者而言，应该如何进行表扬呢？

1. 公开表扬，宜对事不对人

表扬是否一定要公开，这需要分情况和场合，不能一概而论。有时你公开表扬了一个人，却打击了一大批，在这种情况下，被表扬的人可能也不会觉得受到表扬是一件多么光彩的事，甚至会觉得影响自己和同事的关系，这样的表扬反而起到了消极的影响。因此，管理者在表扬员工时，应注重团体的价值，要以提升团队的能力和合作精神为目的。管理者关注的焦点和方向应该是团队而非个人，因此对于管理者而言，公开表扬要讲究技巧，以表扬事来表扬人，以表扬团队来表扬个人。

2. 私下表扬，宜对人不对事

作为管理者，如果你觉得个别员工表现突出，让你很欣赏，但又不宜公开进行表扬，那么可以私下与其沟通，如把对方叫到办公室"谈谈心、聊聊天"。管理者对自己的亲信或身边人，不宜过多地公开表扬，因为这容易导致员工认为管理者在搞特殊化。私下表扬更多的是传递一种信任，因此，应着重于表扬员工的个人成就，管理者也可以通过这个机会向员工提出进一步的期望和目标。

3. 下属的人在哪儿，你的表扬就在哪儿

作为管理者，走出你的办公室，随时随地都可以进行表扬。这与上面所说的公开表扬不是一回事，这更像是"见面打招呼"，让表扬变得更加亲切、及时和具体，也更加有感染力。管理者不应总是端着架子，板着面孔，而应经常到员工中间走一走，哪里有辛苦劳作的下属，就到哪里去，哪怕是一声问候也是对员工的莫大激励。

4. 善于借助别人的嘴，去表扬你的团队

这一点很简单也容易做到，如果有些管理者自己不善于表扬，那么就可以这样对员工说："上次我们和××部门合作得不错，很好地完成了××任务，那边的部门负责人对你的工作很认可，夸你工作能力很突出。"

经过研究和调查，相比直接的表扬，其实员工更愿意听到间接的表扬，因为直接的表扬可能存在虚伪的因素，而间接表扬更显得真实可信。因此，作为团队管理者，不仅要学会自己表扬下属，也可以学着借助别人的嘴来表扬下属。有时候同样的话，由不同的人说出口，可能表达效果和激励强度就截然不同。

5. 下属的心在哪儿，你的表扬就在哪儿

表扬的最高境界就是随心所欲，不是说管理者想怎样就怎样，而是管理者一开口就能抓住下属的心。好的表扬一定能够说到对方心里去，所以管理者要知道对方心里想什么、需要什么。比如，当下属是一个积极上进的人时，可以把他带到老板面前夸夸，这样会更加激励他的上进心；而当下属远离家乡，或者很少回家时，就可以问候一下他的父母或家人，这样更容易打动对方，让对方安心工作。

6. 不是表扬能力，而是表扬成长

很多管理者在表扬人时，可能喜欢说"干得不错""很有能力""继续努力"。诚然，也不能说这种做法是错的。只是这是一个快速变化的时代,每个人的能力是需要不断提升的,可能这个员工这几个月干得不错,但不代表他能一直干得不错。所以,如果管理者只表扬这个员工的能力,会让员工觉得"我的能力已经出类拔萃了",这样就会令其滋生懈怠之心。

管理者应该从员工成长的角度来进行表扬,如"你比六个月前有了很大进步"。用这样的表扬方式,员工会觉得领导很细心,注意到了自己的每一步成长,同时自己的工作得到了领导的认同,以后会更加努力。

虽然提供了一些可以参考的方法,但实际上表扬是无式可循的。管理者可以公开表扬,也可以私下表扬;可以表扬团队,也可以表扬个人。这需要管理者因人因事因时,依据不同的情况和不同的需要来进行设计,这样才能让表扬更加有效果。每个人的性格、需求以及文化背景都不一样,所以管理者需要对员工进行区别对待,将合适的表扬送给合适的人,这样才能让表扬行为产生应有的激励效果。

第九节 有效会议请在三十分钟内结束

"会议室内烟雾缭绕，主持人在那里滔滔不绝，与会者东倒西歪、哈气连天、交头接耳者、玩手机者、嬉皮笑脸者都有"，这个场景想必我们都不陌生，都是我们过亲身经历过的会议氛围。这样的会议又臭又长又不解决任何问题，但却始终存在，这是为什么呢？因为部分管理者对会议的认识有局限性，且迷恋会议本身的权力展示，而忽略了会议的本质功能，最终使得会议失去了沟通的作用，出现了上述的尴尬场面。

随着市场环境的变化和企业竞争的日趋激烈，企业管理者必须要不断提高内部管理能力，强化内部控制和加强信息透明，而无疑会议，是最有效的内部控制和信息透明工具。召开会议的成本是很高的，每个参会员工被占用的工作时间以及员工因为开会未能及时完成的工作任务的损失，都要算在内。所以，会议时间越长，企业损失其实就越大。因此，作为管理者，有效利用开会时间是非常关键的。

那么如何才能改善和提高会议效率呢？根据研究调查，除了员工大会外（需要沟通感情等），其他所有以沟通信息为主的会议应尽量控制在三十分钟以内，最长不能超过一个小时，否则就会彻底沦为无效会议。

1. 会议要有清晰的计划和目标。

大部分的会议都是为了传递消息或者解决工作问题，因此会前管理者应给每个与会者提供会议大纲和会议最终要实现的结果，如果有资料，也应在会前分发给每个与会者。有清晰的计划和目标是高效会议的基础。

2. 准备一份会议的安排，并提前两天分发给大家

一份会议提纲会让会议时间得到充分的利用，这份提纲应该包括简洁的会议目的。如果会议是传达消息，那应该把需要传达的信息概括处理，并让大家提前准备好问题，集中进行讨论，避免造成时间的浪费。同时，提前四十八小时通知，能给与会成员充分的时间进行准备，避免员工因为工作任务紧急而忽视会议安排。

有些管理者可能会觉得这样是小题大做，其实不然，这种细化既可以让员工提前做好准备，同时也可以让管理者在开会时做到心中有数，明确会议重点，不至于因为开会时的闲谈而丢掉方向。这属于磨刀不误砍柴工的高效率方法。

3. 提前告知会议要求

如果一件事情需要大家一起谋划，那么在会议开始之前就得把需要解决的问题清楚地告知，保证大家对问题有所了

解和准备。在开会前，参会人员应该针对会议内容，准备好相关资料，带着自己的目的和想法来参会。太多的会议都是想到哪儿说哪儿，与会人员在现场盲目争论，像无头苍蝇一样乱撞，所谓长而无效的会议就是这么产生的。当与会人员提前准备好一切后，开会时就可以提出经过深思熟虑的意见，不必浪费时间进行思考了。然后与会人员还可以就有争论的部分轮流表明意见，最终由管理者根据大家的看法来做出最终决策。

4. 提前定好基本规则

这些基本规则包括时间限制、会议目的和参会人员等。时间方面应由会议主持人把控，一旦某环节超时就及时提醒，使会议流程顺利推进。经常有人在开会时滔滔不绝，其他人要么看手机要么发呆，即使发言人说了很多"干货"，此次会议也是无效的。因此必须给时间做严格规范，每个人都讲述内容的核心和精华，时间一到，即刻进入下一个议题，这不仅可以使会议变得高效，也可以训练员工的总结能力。同时提醒与会者做好笔记，或者由专人负责会议记录，方便会后留存并准确执行。

5. 确保会议不跑题

管理者要确保会议不跑题，要让话题一直顺着主题发展，让每个与会者都发表意见。请那些安静、害羞的人发言,问他们具体的问题好知道他们的想法。同样的,让那些一直说个不停的人停下来。不要让少数几个人把持整个会议。每个人被邀请来都是为了让他们提出自己的观点,成功的会议管理者得保证这个目的得到实现。

6. 时间一到就停止,不管进行到什么程度

我们常常会在会议上听到"重要"两个字,当每个人都想要表达意见的时候,他都会说自己的主意、想法和论述很重要。但实际上呢?未必如此。很多员工经常在开会时的讲述既没有逻辑,也没有重点,别人听完他的长篇大论也不知道在讲什么,这种情况就是在浪费时间。因此在开会前,让每个人准备好自己的想法、论点及依据,按点陈述,而一旦会议时间结束,不管谈到什么程度,会议也应一概终止。

7. 意外措施

如果主要的与会者不能参加或者人们无备而来,不妨取消并重新安排会议。乱嘈嘈的开会是浪费时间,甚至还不如不开会议。作为管理者,与其在人们没有准备的情况下强行开会,不如取消会议,把会议延期,并私下和那些没有准备的人交流让他们再做准备,那么当会议重新举行时,他们都会有备而来,会议也进行得更为顺畅。

8. 会后进行会议评估

会议评估的目的是有效改善以后的会议质量，并非是要奖励或批评。可以从会议主持人、参会人和会议综合效率三个方面进行评估，每次评估后进行总结，找出成功与失败的原因，在以后的会议中加以改善，长此以往，不仅能使会议越来越有成效，还能使管理者（或参会者）改变对会议的认识，甚至主动成为改善会议成效的推进者和参与者，这样，会议这一管理工具的效用就显现出来了。

会议对于参会者而言，就是一场小型的报告，事前认真准备、及时沟通是基础，这样才能让会议真正有效率，不至于陷入无限拖沓的循环中。在改革会议形式的过程中，最开始的几次会议可能会非常的无序和低效。但员工一旦认识到必须遵循的规则后，便会认真准备以便可以在会议上表达自己的观点。长此以往，既可以锻炼员工的各项能力，如工作效率、逻辑思维、演讲能力等，同时也会节约大量时间，让员工用这些时间更好地完成工作安排。在体会过会议有效率的感觉是什么样的后，大家想必都会更赞同这样的方式。

第十节 拒绝伪工作者

"伪"这个概念存在于很多行为中,如伪学习者、伪勤奋者等。所谓"伪工作者",是指这样一群人,他们每天把自己搞得很忙,他们所做的工作可能也是公司里面存在的,但那些工作(也被称为"伪工作")不产生什么效果。

过去在一些行业中,伪工作者还可以通过假装勤奋来保住饭碗,而现在随着时代变化,竞争越来越激烈,这样的人也逐渐成为被淘汰的首选。而作为管理者,认识并了解伪工作者,既可以将这种人区分出来进行淘汰,也可以避免员工成为伪工作者。

那么怎样才能防止员工成为伪工作者呢?下面为大家提供几点可以参考的内容。

1. "做什么事情能让公司获益最大"

管理者要让员工站在"做什么事情能让公司获益最大"的高度去工作。这样,员工才能主动去完成那些对公司最有益的任务,而不是盲目地按照管理者的安排应付交差。管理者不可能也不应该对员工进行事无巨细的管理,所以发挥员工的主动性很重要。

2."积极工作，最大受益方是自己"

管理者要让员工明白，他们积极工作（而不是消极完成任务），最大的受益方是自己。公司里不免有员工对管理者、工作环境等有不满情绪，此时他们会消极对待工作，不自觉地成为不动脑筋的伪工作者。有些机灵的人，即使心怀不满也不和管理者争执，甚至会表现出一种任劳任怨的态度。但他们只是被动地从管理者指派的工作中找一些容易的来做，而不是拣那些有影响力却比较难的工作去完成。当管理者问起来时，他们会讲自己在认真工作；而至于为什么很多重要的工作没有做，他们会推说是因为自己工作量很大，时间实在是不够。对于这样的人，一般管理者还真拿他们没有办法，在考评时只好让他及格。但是这些人实际上在坑自己，因为那些伪工作做得越多，个人的进步就越慢，甚至还会使能力倒退。

当然，管理者本身也存在类似的问题。管理者比一般员工面临的选择更多，什么事情需要做、什么事情可以不做，不仅关乎自己的前途，还会影响到周围很多人。很多管理者一遇问题就修改规章制度，但是世界上没有一种制度是完美的，因此他们不免左右摇摆、矫枉过正，最后改了一圈，又回到了原点。有道是"一将无能，累死千军"，伪工作的管理者便是如此。

3. 没有非做不可的事情

管理者应该明白，很多看上去非做不可的事情，其实想通了并没有那么重要。有时候换一个角度来审视自己所做的事情，管理者就会发现，舍弃其中一部分也未尝不可。所以，当管理者因为总也干不完的工作而焦虑时，不妨先停下来，重新梳理一遍手边的工作，进行合理的分配。还可以时不时教导员工主动地站在对公司业务帮助最大的角度，站在提升自己能力的角度，把那些最重要的工作找出来并完成它们。试试这样管理者和员工的工作状态会不会发生改变。

每个职场人都会面对一个问题，那就是"每天的事情太多，总是做不完"，尤其在那些发展特别快的行业里，比如IT领域、媒体行业和金融行业。其实一个人的效率是很难提高的，管理者唯一能够控制的就是合理分配任务，有些无关紧要的事情应该暂时搁置，而不能挤压员工时间让其把所有事情都凑合地做完。这里可以先和大家分享一下谷歌等公司的做事方法，或许能对大家有所启发。

在互联网公司里，永远不可能有把工作全部做完的时候，因为这个行业发展太快，而变化又常常难以预测。按照传统的软件工程方法开发软件，任务是事先定义清楚的。任务不定义清楚就开始工作是被禁止的,虽然在开发的过程中目标可以有所变动,但是变动不能太大。因此,工程师们只要在规定的时间之前完成自己的模块就可以。随着时间的推移,剩下的工作会越来越少,最终会有一个终点。

而互联网的产品开发则不同,它是一个动态迭代的过程,大部分时候我们无法清晰定义一个静态的版本。在开发过程中,新的问题总是不断地涌现、不断地加进来,遇到的每一个问题似乎都有必要立即解决,因此不存在把工作完成清空的可能性。在这样的大背景下,一个人所追求的不应该是完成了百分之几或者百分之几十的工作,而是做完了哪几件重要的事情。

在这样的环境中,他们形成了这样的工作习惯:一个有经验的员工,应该善于找到最重要的工作,并且优先完成它们。分清优先级是所有员工包括管理者都必须掌握的一项技能。

2016年,曾经是全球最大的互联网公司的雅虎被威瑞森电信公司收购,这标志着一个时代的结束。雅虎从互联网行业的领军者走到被收购的悲惨地步有很多原因,其中之一就是太多员工做了太多的伪工作。想要理解这一点,大家只要看看他们产品的变化就能知道。虽然雅虎不断地在改版,但那些修改既不增加什么新的功能，也没有让人觉得产品使用起来更方便。在被收购前的十年里，雅虎鲜有新产品出现。如果要说雅虎的人不努力工作，倒也不是。工作狂梅耶尔担任雅虎首席执行官期间，在她的高压下，员工不可能懈怠，但是几年来就是不产生效果，这就是全公司处于伪工作状态的结果。

相比之下，谷歌和脸谱网在管理上显然比雅虎更积极、主动，它们对于员工的评价不在于他有多忙、写了多少代码，甚至不是完成了多少产品的改进，而在于产生了多大的效果。以目标和结果为导向，那些伪工作者即使平时再忙，也终究会被淘汰。

第四章

领人：关键对话，从优秀到卓越

第一节　如何管理你的上级？

为什么要管理上级呢？原因很简单，通常作为下属的你的工作是从上级管理者的工作中分离出来的，上级的工作方式、工作习惯都会直接影响你的工作方式和工作习惯，而上级是人而不是神，他总有不足之处和性格弱点，其管理也就不可能完全科学、准确。若不学会管理上级，那么你们就经常会出现摩擦和碰撞，轻则影响你的工作效率，重则决定了你的职场天花板，因此学会管理上级是非常必要的。

上下级之间的关系，可以形象地比喻为下属是上级的代理商，上级则是下属的厂家。厂家的产品质量、供货能力、产品价格和品牌影响力都直接影响到代理商的业绩。只有前途光明的上级才能带领下属走向成功。一个失败的上级离任后，企业一般都会从外部找人顶替其职位，而不是从内部提拔，因为失败的将军也往往带不出成功的兵。所以上下级一荣俱荣、一损俱损，因此互相管理也就显得尤为重要。

那么如何管理你的上级呢？

1. 帮上级做决策

很多人认为作为下属只能提供建议和问题，决策性的事项必须需要让上级来做。但事实上你的上级可能不只你一个下属，他每天要处理很多日常事务和突发性问题，而且他也是有上级的。对于分配给你的任务，若你仅仅只是提供一个思路，而没有具体的解决方案，大多数会被以上级没有说服力、风险太高、时机不好、目前没时间考虑、与企业发展不对路等种种借口否决掉。因此，如果你不想总是被轻易否决，那么你必须先设身处地想他所想。

你需要明确询问你的上级，你可以获得哪些帮助，然后去筹备方案。在向上级汇报方案时，要多用图表和影像，这样吸引上级的注意力。然后就上级对方案提出的问题提供事实和资料解答。与上级讨论时，记得书面记录上级的意见，并且无论你的想法如何，切莫公开批评你的上级。

另外你需要明白的是你的上级没有和你一样多的时间，因此有问题找上级时一定要抓住问题重点。问题越清晰，上级就越能快速为你解答。这样你在无形中就已经帮你的上级做好了决策，只要他觉得合适，随时就可以执行。

2. 不要做超出能力的承诺

你和上级相互间的信任感是需要事实、行动和时间来培养的。如果你的上级经常朝令夕改，那你就可能不会完全信赖他，反之亦然。因此，当你在与上级探讨问题时，应留有余地，若是凭你自己的能力无法处理的案子，不要承诺完成期限。而应该在计划开始实施之前，与上级充分讨论任务的优先顺序，并进行风险评估，防止出现意外状况，这样在他心里你才会成为一个靠谱的下属。

3. 把握上级的思维倾向

首先要了解上级和他的处境，包括他的工作目标、压力、优点、弱点和盲点以及偏好的工作方式；其次评估你自己和你的需求，包括你个性的长处、短处、个人工作风格、对权威人物的依赖程度；最后要发展和保持适合上方的需求和风格且能体现共同期望的关系，并与上级建立彼此信赖的关系。

每个人的性格差异（价值观和行为模式），对于团队的领导和沟通是有所影响的。一般体现为下列四种不同的人格特质，一是喜欢事物控制，注意梳理；二是对"人"感兴趣，注重人的影响；三是行动主义者，注重开始的时间和目标的实现，强调概念；四是对他人的思维、想法有所偏好。正确的把握上级的思维倾向才能取得更好的效果，站在上级的角度去考虑问题，这样你的建议、主张才会得到认可，你才会受到上级的赏识和重视。

在了解了管理上级的方法后，也需要注意一些常见的问题，具体如下。

1. 产生分歧时怎么办？

在职场中，上下级之间或多或少会出现有意见分歧的时候。有时候可能是下级不理解上级宏观方面的想法，也有可能是上级的专业知识不够，做出了错误的判断。但如果双方一味地固执己见，很可能让彼此产生隔阂。作为下属，正确的解决方案是找机会与上级闲聊，认真地谈自己的想法，采用迂回策略去影响上级。在此过程中依然切记不要惹恼上级。

2. 遭受委屈时怎么办？

遭受委屈在职场生涯中不可避免，作为下属，如果采用反复提及上级的失误的方法，有时候可能适得其反。作为下级的你，需要假设场景来帮助上级直接或间接地认错。遭受委屈后，你需要注意的是不要让你的上级也遭受委屈，并且你需要设法帮助他弥补错误，让他感觉到你们的目标是一致的。

3. 做出功绩时怎么办？

当项目取得成功时，很多下级都考虑到了自己创造的价值，却往往忽略了上级正确的授权和暗中支持。把成绩归功于领导并不只是一句套话、官话，而应该是发自内心的、对上级的感激和认可。个人的能力与努力，是取得业绩的必要条件，但绝不是充分条件。因此在做出成绩的时候不要忽视了上级给予的帮助，更不能居功自傲，这样你才能在职场上有长远的发展。

在职场的舞台上，上级是名副其实的主角。上级在整体判断、策略制定上有一定的优势，下属要建立与上司共同拥有的舞台，必须淡化自己的"主演"情结，甘心做配角。下属必须耐心、理解、容忍并适应上司，做一个既没有危险又对上级有正面效益的人：能干、别无二心。同时下级要抓住机会，不断提升自己的身价。

4. 遇到猜忌时怎么办？

作为一名下属，如果在强势的上级面前表现出强势状态是非常危险的，很容易受到上级的猜忌而不被重用或提拔。效忠二字，说起来容易做起来难。首先要以上级为终极请示对象或终极报告对象，意思就是说不要无视上级的存在，不能轻易地越级报告或越级请示。尤其是在你顶头上司不知情的情况下，你向上级的上级报告或请示，他会认为你背叛了他或者看不起他。诚然，若事情紧急，他又不在场，则另当别论。即便如此，在越级汇报完后也要及时地向直属上级补报，切不可为逞一时能，而埋下后患无穷的阴影。

虽然对下是管理者，但对上依然是下属。作为下属，学会管理上级就是一门必修课。让上级对你有所依赖，不仅需要你有丰富的专业知识和技能，也需要你增强自己对上级的报偿力；不仅需要你拓展自己的外部关系网络，也需要你提升本职工作的执行力。最后不要忘记把荣誉归功于你的上司，因为你能获得成绩的机会是上级给你的，这样才能从好的下属不断成长为好的管理者。

第二节　明确定位，避免亲力亲为

企业中经常会出现这样的情况，一些管理者往往事无巨细，亲力亲为。亲力亲为的管理者一般事业心重，精力充沛，工作有闯劲，责任心强，个人工作能力突出，标准要求高，甚至不惜损耗身体加班加点地工作。然而这种管理者乍一看尽职尽责、令人敬佩，但细一想，却又很不妥。

有职有权、责权统一是履行职责必备的条件。对于一个企业来说，要想运转顺畅、高效，应当是既有分工又有合作，成员各司其职、各负其责、各行其权。如果管理者事事亲力亲为，凡事都要自己做决定、下指示，只要下属听从指挥地工作，那么一方面下属会认为领导对自己不信任、不尊重，另一方面权责分离，员工被动工作，容易敷衍了事。作为管理者，其使命是培养员工，打造有战斗力的团队，而不是将员工的工作都揽在自己身上，事事参与。管理者的重要性体现在其对管理的把握上。

首先，我们来分析下亲力亲为型管理者容易遭遇的两种悲剧。

1. 事业发展受限

凡事亲力亲为的管理者一般职业晋升空间较小，这跟职业发展的规律有关。不同职业发展阶段，个人所承担的工作职责在不断调整。过去外国学者将职业发展分为四个阶段或说四种角色，分别是学徒、同事、导师和赞助人。作为管理者，首先应该扮演好的是导师的角色，需要学习如何根据下属的情况为其安排工作并为其行为负责，在设定目标、授权、管理和协调中善用管理技能，并赢得下属的信任和忠诚；其次该扮演好赞助人角色，管理者需要从日常事务中抽身进行战略性思考和资源配置，尽可能获取企业内外信息，为团队发展创造机会，对员工工作状况进行评估并提供反馈等。

亲力亲为型管理者在任务完成过程中，只注重自身的力量而压抑了团队的潜力，因此，他们难以赢得下属好评。这种管理者视野狭窄，限制了其能够扛起的真正重量，同时被大量无须自己做的琐碎事务浪费了精力，也限制了其职业发展。

2. 人才逆向淘汰

人才逆向淘汰是企业中存在的"劣币驱逐良币"现象，指有主见、有能力、积极进取的高潜能员工流失，留下来的员工虽然忠诚性、服从性较强，但工作创造性、责任心、主动性和工作能力一般。我们期望下属能够积极适应管理，以管理者为榜样，安安心心、踏实认真地把领导交代的工作做好，主动为管理者分忧解难。

然而，在现实生活中，亲力亲为型管理者所管理的员工一般有两种，一种是消极听从领导的"好"员工。他们放弃自己的主见，没有管理者的指示和安排就不开工。而且由于管理者总提意见，那下属就不会太在意管理者的意见，对批评也会麻木，只想着出现问题再改就行了。这样的下属会安心地在管理者的领导下"做一天和尚撞一天钟"，舒适而安逸。另一种员工则会离开团队，寻求个人发展。因为高潜能员工会经常跟这样的管理者交锋，尝试争取工作的主动权，但最终往往因为管理者过于固执、沟通不畅而离开。因此，亲力亲为型管理者，会造成团队中"劣币驱逐良币"的恶性循环，最终使得整个团队越来越糟糕。

亲力亲为型管理者出现的原因不外乎两类，一是管理者过去的行为习惯，一般从基层走上来的管理者容易陷入亲力亲为的误区。基层管理者作为员工时，勤奋努力、细致认真、追求完美，会被评价为敬业，而走上管理岗位后，短期内难以改变工作习惯也很正常，然而，如果长期持续这样的领导方式，就会产生消极影响。二是管理者的性格存在完美主义倾向。具有完美主义性格的管理者一般都是"细节控"，不允许犯错误，具有凡事追求完美的倾向。因此在工作中这类管理者总是忍不住要指出别人在细节上达不到要求或者需要改进的地方，甚至会亲自动手进行修正，以确保万无一失。一旦出现一点失误，他们就会自责沮丧、无法释怀，同时，这也会让他的下属感到沮丧。

作为管理者，要想摆脱亲力亲为的魔咒，首先，要信任团队成员，正确看待下属工作中的不完美，任何失败都是通往成功和成长的必经之路，因此管理者在严厉的同时也要学会宽容和鼓励。其次，要尊重彼此界限，每个岗位都有与之匹配的权、责、利，只有赋予岗位上的人相应的权力，才能够要求其承担岗位的责任。管理者事无巨细地对员工提出要求，其实已经侵犯了员工的责任权。第三，要改进领导方法。管理者在学会授权的同时，也要学会沟通与协助，既要学会放手也要学会监督，这样不但能让下属感受到自己在岗位上的主导性，而且能更好地让其完成工作任务。最后完善制度安排，前面已经提到过"人管人累死人"，而制度管理、文化管理则是解决这个困境的最佳方案。一个人的精力毕竟有限，如果管理者总是各种杂事缠身，那么就要考虑一下制度体系是否存在问题，并进行调整，这样才能保证管理高效，从而领导团队创造更多的价值。

能力再出众的管理者，也不可能把全部的事情都考虑周全、做完、做好。因此，要想把事业干好，必须充分调动全体人员的主动性和积极性，劲往一处使。作为一把手，要有高瞻远瞩的目光，高屋建瓴的气魄，驾驭全局的能力，把持大方向，敢于放手、舍得放手，该谁干的事让谁干，不应该事无巨细地揽在手里。因此作为管理者，不要做"家长式"领导，而要让想干事的有事干，能干事的干好事。这样的管理者，才能既"领导"又"引导"，带领团队齐心协力地把工作做好。

第三节 有效决策，让你关键时刻先人一步

现代社会是一个信息化、知识化的社会，在激烈的市场竞争中，企业管理者需要做出很多决定，并且要在很短的时间内完成。这些决策往往比较急迫也比较棘手，小到团队管理大到企业效益，不容回避。在这样关键的时刻，作为管理者，只有审时度势，果断、正确地做出有效决策，才能率领团队一步步走向成功。

那么这就意味着决策是非做不可吗？法国管理学家福克兰曾这么说过："没有必要做出决定时，就有必要不做决定。"这句话也被称作"福克兰定律"。作为管理者，制定任何一项决策都将伴随着一定的成本和风险，因此，在做出一项决策前应该对相关的成本以及风险进行充分的评估，以决定是否采取行动。

在做决策时一般存在三个禁区，一是未经调查研究；二是未经咨询分析；三是未经内部协商。对于管理者来说，在三种情况下要"不决策"，一是没有进行前期评测或准备的不决策；二是没有经济、技术支持的不决策；三收益低于成本的不决策。但对于管理者而言，不决策并不意味着什么都不做，这只是一种暂时避让，也叫作决策风险规避，是避免盲目错

误决策的一种手段，把失误扼杀在摇篮里。因此管理者不是"不作为"，而是更应做到主动出击。

那么作为管理者，如何才能主动出击，在必须决策时做到有效决策呢？

1. 搞清楚问题

在做出决策之前，应该是通过分析问题，查明团队目前的发展情况并对其进行准确评估。所谓搞清楚问题就是通过自己或团队合作来搜集、处理和分析这些情况。这一阶段是后续所有步骤的基础，因此必须准确并且准备充分。

作为管理者，在此过程中应该注意三个常见的错误。第一个是关注表面问题而忽视内在原因，比如员工对一项任务总是抱怨不停，表面看是对工作分配不满，实际上是觉得这个任务完成没有奖金。管理者应该在发现表面问题的同时，尽快分析出内在的原因并予以解决，这样才能有效解决问题。第二个是提出的问题过于宽泛或琐碎，比如"建立一个有效的奖惩制度"就可能比"人人涨工资"更好。简而言之，在决策之初，管理者就该处理好问题，以免后续出现目标不明的情况。第三个就比较糟糕了，是管理者错误分析了问题。就比如员工表面看来是对工作分配不满，实际上是对奖金不满，但管理者却觉得是这个人是针对自己，这就造成了问题的完全错位。

总之，管理者在做出决策前先要搞清楚问题，从表面问题深入到内在问题，这样才有可能做到有效决策。

2. 调查研究并设计计划

一旦搞清楚问题，接下来就可以进行调查研究，并根据资料设计可行的计划了。在此过程中，管理者需要收集大量的资料，并由专业人员进行数据分析，提出方案的优缺点。管理者应该明白最终计划的好坏是由初选计划的质量高低和数据资料的有效性所共同决定的，因此，初步拟定的计划越好，数据分析越专业，最终解决方案就越有效。

本节为大家提供一个评价方案最基本的方法，即成本效益分析。所谓成本效益分析，就是将计划的实施成本和对应的预期收益进行比较，看看采用的方案是不是会产生高额的成本。尽管成本效益分析通常是定量分析，但仍需要个人精准的洞察力和判断，以保证客观全面地进行一系列评价。

一般而言，对计划方案的典型评价标准包括以下几个方面：

（1）效益：采用该方案能够带来哪些效益？

（2）成本：实施该方案的成本如何？是否不仅包括资源直接投入成本，也包括潜在的负面影响或其他成本？

（3）可行性：根据现有资源和人力，能在多大程度上执行并实现该方案？

（4）时间：实施该方案获得收益或产生积极效果需要多长时间？

（5）公正性：在不同利益相关者眼中，该方案在多大程度上达到了可接受的道德标准？

总之，作为管理者，要学会利用多种工具和方法来评测方案，并不断对其做出修正，这样方案才能顺利执行并取得预期效果。

3. 确定最佳计划方案

对于管理者而言，所谓确定最佳计划方案，就是做出决策。这个决策包括选择哪种方案，在不同情况下如何执行方案，由谁来执行和辅助执行等问题。在一些情况下，最佳方案可以根据上面的成本效益分析方法选出，而在另一些情况下，可能要运用其他方法或者仅仅要靠管理者的经验和判断选出，但无论如何，在各种备选计划经过评估之后，管理者就必须尽快做出最后的决策。一旦做出决策，之后所有的人力及资源都要朝着这个方案的方向去努力，在此过程中，管理者可能也会在遇到问题时感到沮丧，但一旦做出决策就尽量不要后悔，相信自己已经做出了最佳选择。

4. 实施计划方案

管理者在做出决策之后，就应该制订行动计划并全面实施计划，而这也就是最终明确团队方向并采取行动解决实际问题的阶段。在此阶段，必须依照计划采取行动，不能随意产生任何新的变动。作为管理者，不仅需要有制订计划的缜密和细心，还需要有实施计划的能力和魄力。很多管理者在进行到这个阶段时经常，由于自己毅力不足或者缺乏参与，而使得计划实施困难，面临无法推动的窘境。因此，作为管理者，在执行过程中，既要保持自己的执行力，又要在一开始就选择合适的人来引导、推动这项决策的执行。一旦有合适的人带头，那么计划就会平稳顺利地实施，在不出意外的情况下，也就能达到预期的效果和收益。

5. 评价结果

作为管理者，直到计划执行完毕，对最终结果和效果完成评价后，一项决策才算真正完成。在评价阶段，要将预期目标和现有结果进行比对，也要将预期成本和实际成本进行比对。如果最终结果离预期目标差得甚远，或者实际成本超出预期成本很多，那管理者就要进行反思和分析，判断是哪个环节出现的问题，以及是否需要推翻之前的步骤，修订计划或者重新制订计划，这样才能避免在下一次决策时犯同样的错误。

第四节 偏差盲点——掌握细节才能掌握全局

在生活中，人们往往习惯认为自己是足够理智的，能够逻辑清晰地应对很多局面. 但实际上，人们的行为中存在着难以估计的偏差盲点，大部分都是由于我们认识不全产生的，而这也是每天不断发生的各种非理性行为的原因。

同样，在职场中的管理者，也难以避免被这些偏差盲点挟持。管理者在处理工作时经常会遇到"看见了忘记了"的事情和"压根没看见"的事情，而压根没看见的那些事就是管理者的偏差盲点所在。偏差盲点有着两面性，而且往往坏的一面大于好的一面，因此，如果管理者不去深刻了解它的话，就会极大地受到其影响，影响职场发展。

什么是偏差盲点呢？这是指在一些特别的情况下，管理者的思维判断、思考模式及行为方式会产生系统性的偏差。简单来说，就是我们的大脑在处理外界信息时有自己独特的规则，为了提高决策准确性和判断的效率，这些思考规则有时就会产生一些负面的反馈，这些反馈也就是偏差盲点。这种偏差的产生可能会受我们过去经历的影响，也可能是由我们的动机导致，总之原因多种多样，也因人而异。

曾获得诺贝尔经济学奖的美国心理学家卡尼曼，也曾针对偏差盲点做过研究，使得这个专业名词扩展到了管理学当中。本节将通过分析几个常见的偏差盲点行为，揭示大部分管理者在管理方面可能存在的问题，从而减少因为不当与不自知的言行造成的各种错误。

1. 先入为主

这个是最常见的一种认知偏差，作为管理者，总是过于依赖自己首次听到的各种消息、评价等信息。比如在面试之前，你会先翻翻应聘者的简历，其中有个人的简历显示他一年内换了三家公司，此时你可能就会立刻下结论：这个人不靠谱。等到他来面试时，你怎么看他怎么不顺眼，即使他解释了客观原因，同时他的各项技能都非常适合当前这个岗位，但你始终还是不喜欢他。虽然最终勉为其难地将他招了进来，但你还是因为无法克服先入为主的印象而感到不愉快。对于管理者而言，先入为主是非常狭隘的偏差盲点，它会蒙蔽你的眼睛，让你忽略做出正确选择的机会。

若能够打破先入为主的偏差，在一对一面谈中充分了解面试者的为人和特长，那么他会得到一个赏识他的领导和团队，而你也会获得一匹千里马，这样才是两全其美的做法。小到团队管理，中到跨部门合作，大到企业合作，打破先入为主的偏见就意味着你掌握了先机，因为并不是每个管理者都能意识到并克服这个盲点。

2. 从众效应

传播学中有一个传播效应，叫作"沉默的螺旋"，即个人在表明观点时会对周围的意见环境进行观察，当发现自己属于"多数"或"优势"意见时，便倾向于积极大胆地表明自己的观点，而当发现自己属于"少数"或"劣势"意见时，一般会屈于环境压力转向"沉默"或者附和。这就是一种从众效应。

同样，作为个人，在公开场合为了个人安全或其他原因而跟随大多数意见是不可避免的，但作为管理者，必须要打破这种偏差盲点。因为一个优秀的管理者，就是要有主见。如果你总是盲从于上级领导或者团队下属的意见，那么之后你要么只能永远蹲在这个管理岗位上，要么会永远失去你的管理威信。

因此，作为管理者，必须打破从众效应，要敢于和别人不一样，这样才能在多变的环境中拥抱变化，及时做出最合适的决策。

3. 信息量偏差

在职场中，管理者由于要做出许多决策而需要收集大量的信息资料。在此过程中，管理者可能会认为资料越多越好，信息越充足越有利于决策，但实际情况往往相反。过多的信息会大量占用管理者宝贵的时间，因为信息多并不意味着都是有效信息，在没有专业人员的帮助下，筛选有效信息本身就是一件非常复杂且耗费时间、精力的事情。事实上，搜集较少但有侧重点的信息，往往有助于管理者做出更准确的判断。

Less is more，少就是多。衡量信息优劣的关键并不是多少，而是是否有效、是否相关。有时候一个关键信息就能帮助管理者拨开云雾，而有时几个G的硬盘资料也还是会让人摸不着头绪。因此作为管理者，必须学会对信息进行衡量和评测，这样才能让信息真正起到帮助作用。

4. 规划谬论

什么是规划谬论呢？简单来说，就是我们在执行一项计划或者任务时，往往会低估其完成所需的时间，尤其是我们认为简单或易完成的项目。作为管理者，虽然不需要亲自执行项目，但同样需要注意，因为下属往往会因为这个偏差盲点的存在而导致项目延期。如果管理者没有提前意识到这一点，那么当一个重要的项目已经到截止日期却还没有完成时，那么即使责怪负责的下属也于事无补了，此时对团队和企业造成的损失是无法挽回的。而若这样的行为总是发生，那么作为管理者有不可推卸的责任。

因此，在一项任务开始之初，管理者就应该充分认识到这个因素，在分配任务时就应和负责下属沟通清楚，并且要求他在最终截止时间前的一到两天内完成交付，这样即使在过程中出现这样那样的借口或偏差造成项目延误，也不至于造成太大的损失。

关于偏差盲点，曾有卡斯商学院的研究者通过调查问卷进行分析，结果发现我们大多数人都认为自己比他人产生的偏差更少，在661名参与调查的人中只有1位认为自己比其他人容易产生偏差。同样，作为管理者，当你没有认识到你的认知偏差时，这本身就是你的一种偏差和盲点。因此，在学习和了解之后，尝试克服这些盲点，管理者才能更好地处理管理中的各种问题，才能全面地看待和分析问题，也只有这样，才能成为优秀的管理者。

第五节 推理阶梯

什么是"推理阶梯"？在了解这个概念之前，我们首先应该先了解什么是信念。所谓信念，就是现实生活中我们认为是真实的并且愿意接受的事物。比如你的妈妈坚信，下雨天你一定要撑伞并且穿厚衣服才能出门，因为一旦淋雨你就一定会感冒。你上网在医学网站搜了搜，发现淋雨和感冒并没有直接关系，感冒是由病菌感染导致的，你将你更为科学和正确的观点告诉妈妈，想尝试说服她。但你能说服她吗？百分之九十九的概率是你会失败。因为多年的生活经验已经在她心里形成了深刻的推断印象，在她看来，她的想法就是最科学的基于数据的事实，真实性也毋庸置疑。

那么只有年纪大的妈妈们才会坚持或者形成没有基于事实的信念吗？仔细想想，就会发现并不是这样。就我们个人而言，每天得出的结论很多都是没有事实依据的，我们会像妈妈们一样坚信某个信念，并且同样认为它是基于可靠的数据和科学的分析，是一个有逻辑有证据的、完全正确真实的信念。但事实上呢？当然，我们也是错误的。

为什么会这样呢？形成信念事实错误的原因多种多样，有由上节所讲过的盲点而造成的，也有因个人经历限制而产生的"一面之词"。正如电影《罗生门》讲述的故事一样，每个身在其中，得出的结论总是利于自己的，因此千人千面，事实也就已经不是事实了。在生活中，因为人们的认知互不相符而造成的误会并不少。同样在工作中，管理者也经常根据自己片面的推断而对员工乃至整个团队下结论，导致片面的认知影响最终的判断决策。

作为管理者，如果不能够发现并认识到这样的错误，就很容易就陷入自己的眼光和世界，很难与下属进行真正能够解决问题的沟通交流。那么应该如何来做呢？这就是我们本节的内容，利用"推理阶梯"来解决。

"推理阶梯"是由哈佛大学的教授克里斯·阿基里斯研究并发展起来的，是一个可以帮助我们思考的简单模型。经它暗示，我们可以通过我们所经历的、拥有的和创造的思想推导出有用的经验，而且通常速度极快。这个方法可以协助管理者通过理性思考来驱动行为，并对得出的结论进行科学审查，让管理者确保自己所产生的事实认知是真实的且的确是客观的。

比如，作为管理者的你召集部门全员两点钟开会，其中有一个下属两点半才到。那么此时有几个人就会想"他迟到了三十分钟哎"，另外几个人会认为"他根本就不关心会议吧",还有一些人会想"他怎么每次开会都迟到"。而作为管理者,即使没有直接批评也会对这个人心生反感。所有人的想法都发生在这个迟到的下属推门进来的那一刻,每个人根据他的行为做出评价,并在之后产生各自的行为反应。这些认知看似是基于事实而产生的,但确实是这样吗?我们可以通过"推理阶梯"来分析这些结论的可靠性。

1. 第一层阶梯:"观察数据"

管理者要通过观察等方法获取不同角度的信息。在这一层,管理者应该得到的信息是,时间指针指向 2:30 时,这位下属一脸抱歉地推门进入会议室。

2. 第二层阶梯:"选择数据"

一般在事实发生的几秒之后,管理者就会做出判断,因此在选择数据时,很大可能会倾向于选择那些支持他最终判断的数据,而忽略掉其他的。比如很容易忽略掉的表面数据"下属看起来很抱歉",以及隐藏数据"他迟到的原因":他到底是因为漠不关心才会迟到?还是因为手头有赶时间的任务?这层的关键在于,管理者要选择所有的数据,而不是仅仅选择支持自己观点的数据,将其他的数据过滤掉。那位认为"他怎么每次都迟到"的员工,正是由于偏见而完全扭曲了自己的事实印象。

3. 第三层阶梯："分析数据"

人们很擅长解释自己大脑中存储的数据，比如一个员工在会议上打哈欠，管理者可能会解释为"他工作太拼了，晚上经常熬夜"；同样管理者也可能会解释为"他认为我讲的内容枯燥无味"。而最终管理者到底能得出怎样的结论，往往不取决事实本身，而是取决于感性的偏见本身。因此，作为管理者，在分析数据时，可以将通过数据得出的正负面行为都写出来，进行事实反证：如果他工作很拼，那他的工作业绩如何呢？如果他认为你讲的内容枯燥无味，他在稍后的执行中表现如何呢？请记住，用数据分析数据，而不是用感性的偏见来分析数据。

4. 第四层阶梯："得出结论"

在经过以上阶梯后，我们很容易就得出对事实的结论：他迟到了，但不知原因是什么。但值得注意的是，这并不是最终的结论，最终的结论只有在经过对事实数据的全面分析之后才能得出。

5. 第五层阶梯："观点和行动"

在攀登阶梯的过程中，会逐层丰富你因偏见过滤掉的信息和数据，也因此会不断削弱你当初的信念和观点，最终使你形成新的信念和观点，就像推倒一座看似坚固实则摇摇欲坠的旧塔，用新的材料搭建一座结构更科学更为坚固的新塔。当新塔建立完成，新的自我也会形成。此时，如果有员工对你吐槽"他怎么总是迟到"，你就能理性对待，忽略这种影响员工关系的观点，而做出更为科学客观的行动。

比如，后来了解到，那天迟到的员工其实是为了赶一个项目。此时管理者应该十分庆幸，自己当时没有一时冲动提出批评，不然不管是对于员工本身，还是对团队，都会有一定的伤害，大家会认为管理者是个冲动且对团队任务十分不清晰的人。

哈佛商学院的克里斯·阿吉里斯教授认为，人们总是倾向于利用错误的结论从真实、可判断的数据转向更高级别的抽象数据。也就是说，为了证明自己的结论是正确的，我们会故意忽略客观的数据，而听从于感性的偏见。这样的行为在管理中，很容易造成重大失误。因此作为管理者，学会理解并且习惯使用"推理阶梯"这一工具，可以很好地帮助自己更科学、客观地塑造观点，继而做出更理性的行为判断。

第六节 目标修正法则——做好团队规划

千里之行，始于足下。作为管理者，学会制订计划是非常必要的，只有制订了详细且合理的计划，团队才能朝着既定的方向有目的地前进，才能内心有斗志地一路披荆斩棘、乘风破浪，才能不断获得成功。

那么如何做好团队规划呢？首先，在制订计划之前，先做好以下几个准备工作：第一，明确本阶段或下阶段团队要达到什么目标，并使目标明确化，最好是可以量化；第二，规划不同时期的进度，从每个星期到每个月、每个季度、每半年，这可以使你及你的团队都明白进程，把握好时间，成为无形的激励。

其次，无论计划是什么，都要坚信一定会成功。作为管理者，你必须充满信心，要总结自己的优势和劣势，列出团队的优势和劣势，一旦制订好计划，就要有坚持到底的决心。当然在此过程中，计划是可以根据事实和进程不断进行修正的，但不宜改动太大。同时需要强调的是，管理者必须将自己的决心和毅力传达给下属，让整个团队充满力量。

接下来我们就该做出团队规划了。

1. 列出目标，并进行切割

我们上面说过，管理者制定的目标必须足够明确，最好是可以量化。什么是可以量化呢？比如制定品牌宣传的目标，可以通过搜索指数达到多少，官博转发量达到多少，微信公众号粉丝达到多少，品牌宣传片阅读量达到多少等因素来进行综合判断。目标越容易量化，就越容易完成。

在列出团队的目标后，管理者需要将大目标切割成不同阶段需要完成的中目标，再将中目标切割成小目标，分配给下属个人。在此过程中，大目标会变得越来越清楚，在后续的执行中也更容易完成，同时下属也会更明晰自己的任务和目标，能够按照计划准确完成。

2. 评估规划

完成规划后，你需要和团队一起对其进行评估。管理者个人难免会有遗漏和疏忽之处，在任务的执行层面，管理者需要充分听取下属的意见，因为他们作为一线的执行者，更有经验和想法。比如某个小任务的执行会耗费大量时间，换个其他的任务能更快更好地达到效果。同时，管理者和团队一起评估规划，也会获得下属们的认可，他们在后续执行中也会更有干劲。

计划定好之后，团队就按着既定的流程去完成各自的任务，而管理者的任务有两个：一是监督任务的完成情况，看看是否能按时完成；二是根据环境的变化使用目标修正法则，使计划在最终完成时不偏离当初预想的结果。

目标修正法则

第一步：当外部环境产生变化需要进行计划调整时，管理者的第一反应应该是修正计划，而非修正目标。

目标是当初经过综合考量和判断所制定的，如果轻易改变目标，那么一切都要推倒重来，这意味着在此之前团队所做的一切工作都是无用功，这对于管理者来说，无疑是非常大的决策失误。此外如果管理者养成更改目标的习惯，会让整个团队都一事无成。英国人有一句谚语："目标刻在水泥上，计划写在沙滩上。"目标一旦确定，绝不可以轻易更改，尤其是最终的大目标。

第二步：如果仅仅修正计划，仍然不能完成最终的目标，那么此时管理者可以修正完成目标所需的时间。

预期半年的，可以多给两个月，预期一年的，可以多给半年时间。总而言之，在时间允许的情况下，管理者可以通过修正目标完成的时间来完成最终的目标。但往往对于企业而言，时间也是比较宝贵的，因此，除非是非常重大且不得不完成的目标，否则不要让某个目标延期太久。

第三步：当无法修正时间时，此时管理者还可以考虑修正目标的量。

我们上面说过最终的大目标尽量清晰且可以量化，因此量化的目标就可以进行压缩。如，原本微博运营的目标是粉丝量必须到达100万，那么此时可以缩减为80万或者50万。尽管这是对于当初目标的压缩，但至少可以保证你以及团队的所有努力都是有效的，且有业绩可以证明。

第四步：如果前面几步仍然无法解决问题，那就意味着管理者必须或者不得不修正目标本身了。

此时作为管理者，必须深刻反思目标为什么无法得到实现，是由于客观变化，如企业调整战略，还是由于管理者准备不够充分，决策出现失误。但不论是哪一个，管理者自身都有一定的责任。管理者本身就应该具有前瞻性的眼光，在进行团队规划时不仅要与下属商量，同时也需要向自己的上级汇报，进行充分的沟通，要对完成未来目标期间，所有可能出现的风险和情况都进行预判，在此基础上定计划。

但此时管理者也不必过多苛责自己，事已至此，在分析完原因并总结了教训后，就应该和失败说再见，继续进行下一个目标的制定。当然面对新的目标，重新制订好团队计划后，如果仍然需要调整，请勿重复目标修正法则的第四步，而应该不断重复第一步"修正计划"。因为你已经失去了一次修正目标的机会，如果再陷入困境，那么迎接你的只有失败。

　　对于管理者而言，要想带好一支团队，就必须能够制订出最合适的计划。在制订计划的过程中，管理者需要整合自己的各项能力，并进行信息获取、数据分析、风险预测等。只有经过反复的考虑和分析后，管理者才能为团队制订出最合理和有效的计划。当然在此过程中，也必须充分考虑外在的客观因素。世界日新月异，唯一不变的东西就是环境的变化。因此，在计划制订之后，管理者也需要不断地进行修正和调整。

　　总而言之，作为管理者，必须具备坚定的信念和恒心，认为自己一定可以成功，并且将这一信念传递给自己的下属，让彼此团结在一起，这样才能完成最终的目标。

第七节 明智投资，将精力用在刀刃上

时间是公平的，也是不公平的。管理者每天要处理团队事务、自己的任务、上级的任务等等，大大小小的事堆积在一起，就产生了时间不够的问题。时间是有限的，而工作任务却是无穷无尽的，因此，此时管理者的时间分配就显得尤为重要。安排得当，毋庸置疑你将会获得成功，而若相反，你就会费力不讨好，成为一个没能力的管理者。

很多管理者手上似乎有很多工作，但只要细想想，就会发现全部都是一些管理上的杂事。比如 A 员工的项目计划书需要修改意见，B 员工该转正了需要审批意见，C 部门需要开会沟通项目合作细节，最重要的是上司安排了一个重要的项目计划书。但管理者本人就算牺牲了吃饭时间，甚至熬夜加班，任务似乎也总是无法完成。为什么呢？因为管理者在瞎忙，没有时间规划。如果能将这些事情一一分类，那么管理者就很快可以将自己解救出来，如 A 员工的修改意见和 B 员工的审批意见可以在快下班的时候处理，C 部门的合作会议可以派一个老员工一起跟着，他来准备详细的资料，你只需要旁听要点就可以了，那么整个下午的时间你就可以用来写你的项目计划书了。

一个管理者所管理的团队越大，就越要懂得领导和管理的艺术。作为管理者，应该集中精力把握最重要的战略问题，督促和检查下属的任务进程，即使要时时和团队并肩作战，也要有分寸地"陪伴"，这样才能把自己从大量琐碎细小的杂事中解放出来，将自己的精力用在刀刃上，真正去履行和完成必须由自己完成的事务。

苏联生物学家柳比歇夫，严格规划自己一生的时间，并且开创了独一无二的"时间统计法"。他从26岁开始，直至82岁去世，五十六年如一日，每天晚上总结当天时间的分配情况，月底总结当月时间的分配情况，年底总结当年时间的分配情况，并通过反复的修改，将自己对时间的浪费降到最低。

当然，在现实工作中，管理者很难也不必做到像这位生物学家一样精益求精，但对时间进行充分的规划和安排却是必不可少的。作为管理者，应该必须了解到时间是一种有限的资源，也是一种成本，在工作中应该时刻注意核算时间成本，任何多余的时间浪费，都会增加管理者的负担。

作为管理者在进行时间规划时，首先要注意把握工作节奏，合理分配每项任务的工作时间；其次要善于利用碎片化时间，通过调整工作规划，用碎片时间来处理团队或下属的问题,从而将整体的时间用来完成重大的项目规划等。人们最容易浪费的就是碎片化时间,尤其是管理者,不断被这样那样的事情打扰,就会无法连续地完成真正重要的事情。想要做好时间规划,最关键的就是将碎片化时间有效地利用起来。

那么作为管理者,如何才能做到有效利用时间呢?

1. 遵守"二八原则"

所谓明智投资,将精力用在刀刃上,要求管理者在处理工作时遵守"二八原则"——80%的成果由20%的付出产生。也就是说,在管理者的工作任务中,80%的收益来源于20%的工作任务。

作为管理者,日常要处理的事情非常杂乱。当难以厘清千头万绪时,首要的任务就是必须分清主次,学会做对的事情,而不是时刻都被动地去匆忙应付临时的事情,要善于抓住那些会影响全局的重要事情,并集中时间和精力完美地解决。

一个好的管理者,在工作中应该知道该做什么,不该做什么。比如在分配一项新的项目任务时,管理者所应该做的是搞清楚主方向,确定考核标准,并且合理地给下属分配任务,告知他们应完成的预期目标是什么,从而对宏观的局面做到心中有数。而至于个人怎么去完成各自的任务，那么就是下属自己独立的工作安排了，你不需要插手也不应该插手，只需要定期监督，确定目标最终能按预期计划完成就可以了。

作为管理者，学会找到这百分之二十的会影响全局的事情，并竭尽全力完成，这样才能在职场上如鱼得水，不至于费力不讨好。

2. 现在就开始做

我曾采访一位著名企业家，当时我问："您成功的秘诀是什么？"他回答了四个字："现在就做。"他解释说，很多管理者习惯性拖延，或者总是说稍后再做，但最终事情越攒越多，只能草率完成，这样既浪费时间又不能很好地完成任务。

我们总需要花费很多的时间来进入所谓的状态，就像作家等候灵感一样。但事实上作家的灵感往往是越写越多的，同样，工作的状态也是干出来的而非硬等出来的。有句话说得好："栽好一棵树最好的时间是二十年前，其次就是现在。"因此作为管理者，当你学会"现在就开始做"后，你会发现你的效率提高了很多，时间也会更充足。

3. 谨记成本概念

成本一词来源于经济学，但同样，在管理学中也有成本。作为管理者，需要时刻谨记时间成本的概念，不论是制订团队计划，还是分配任务，都必须将时间成本算在总成本中。同样，在安排自己的工作事务时，也应该时刻注意时间分配，琐碎的事情不应该也不需要多浪费时间，甚至挤掉重要项目的时间，否则就会得不偿失。

4. 避免争论

争论多半是无谓的，因为每个人都有自己的想法和态度，很难真正被说服也很难说服别人。所以管理者也一样，不要妄想去真正说服你的每一位下属。当在会议讨论上出现争议时，你可以让每位员工发表自己的意见。你可以听取也可以不听取员工的意见，当然如果员工的意见有道理也是要参考的。最终你需要告诉员工你的决定，并且表达你的理由和观点，至于下属是否真的认可并没有那么重要，因为如果事事需要得到每位员工的认可，那么管理者就没有时间做其他事情了。因此，培养自己的管理者威信，即使无法说服下属，也要让其顺利执行。

因此，作为管理者，要学会时间规划，合理安排自己的时间，学会明智投资，将自己的精力用在刀刃上，这样才能高效工作，提高效益。

第八节　审时度势，保持团队生存能力

作为管理者，你最重要的工作就是来安排做什么和不做什么，而要想让你的安排始终正确，那么这些安排就必须来自于你对企业整体局势的研究和判断，其中包括行业大趋势、竞品趋势、主竞争战略等等。随着外界环境变化，企业自身的发展策略自然也会不断变化，如果管理者没有远见，也不会审时度势，只注重自己脚下那一片地的话，那么在企业内部重组或外部兼并时，你的团队就会被"吃"掉。

曾经有一位基层管理者问我，除了每天解决团队内部的技术问题，在管理岗位的他还能做哪些有意义的事情。而就在他问这个问题的当时，他们公司正处于行业的快速发展阶段，谁此时能占得市场优势谁就是最后的王者，自然他们的老板也正忙着筹划更复杂的产品线和开拓更多的外地市场。在我提醒他这一点后，这位基层管理者恍然大悟，一下有了方向。后来他就要求组内员工都交一份当前产品线的分析报告，他将其整理成一份报告在周会报告时做了展示。由于资料来源于"一线"员工，信息丰富且真实，同时里面有很多当前被上层忽视的内容，这份报告自然也受到了上司的重视。上司立马要求他带领团队加入到新产品线的筹建当中。

这就是审时度势的远见能力,如果这位基层管理者当时没有获取到这些信息,那么可能到现在他还是一个基层管理者,在企业中始终扮演着重要却不起眼的螺丝钉角色。我在本书中总是强调,做正确的事,比做更多的事更重要,只有找对目标和方向,每天的奔跑才不是无用功。

在管理工作中,管理者所遇到的事情经常存在着激烈的变动性和复杂性,因而,管理者在做出一切安排时都要审时度势。这就要求管理者在面对纷繁复杂的客观形势时,必须头脑清醒,多渠道获取信息,正确分析形势,把握住企业发展的关键方向,善于权衡利弊,及时果断地做出决定。值得注意的是,在这个过程中,管理者面临的最大挑战就是放弃已经拥有的成绩和优势,如果犹犹豫豫不能根据形势果断放弃,那么往往会贻误时机,造成不可挽救的错误。一个优秀的管理者,就应该拿得起,也放得下。

作为管理者,如何真正做到审时度势呢?

首先,需要停止路径依赖。路径依赖就是对之前取得成功的经验的依赖。在路径依赖的作用下,人们过去做出的选择往往会决定现在的选择。然而环境在不断变化,曾经的路径未必是正确的。如果管理者始终不做出改变,那么就会顺着曾经"正确"的路径走入歧途。这种情况下,环境稍有变动，管理者就会被锁定在某种无效率的状态之下，而一旦进入锁定状态，再要脱身而出就会变得十分困难。

路径依赖的存在，常常会让管理者觉得自己已经对事情有了正确的看法，殊不知，这个看法只是自己既往经验形成的"一面之词"。因此，作为管理者，必须披荆斩棘，不断开创自己的新路径。想做好一件事情，最重要也是最基础的就是找对路径，在正确的路上，团队付出的努力才能发挥作用。

其次，管理者需要做到灵活多变。许多管理者都非常优秀，但很容易形成僵化的管理模式。我们处于一个多变的时代，拥有多变的对手，即使是再好的管理模式，它的成效也会因环境而异、因人而异。作为管理者，不理解、不把握管理精髓，只信赖模式化的管理，或者总尝试将管理模式化，又怎么能随时根据变化而变化呢？再好的东西一旦模式化，基本上就失去了灵活性，如果太过迷信管理模式，那么即使管理者能审时度势，最终得到的结果可能也不是自己想要的。

从古至今，优秀的管理者都非常重视审时度势。因为管理的唯一权威就是成就，真正的管理者不会对路径形成依赖，也不会固守着一种管理模式，因为他们知道"时势造英雄""站在风口上，连猪都会飞"。但同样他们也不会抛弃路径和模式，因为他们手里永远把握着两条路径，一般情况常规解决，特殊情况特殊对待，最终"择其善者而从之"。

　　管理工作是一种创造性的活动，身处瞬息万变的信息时代，面对错综复杂的客观环境，计划往往赶不上变化。这就要求管理者一定要适应客观变化，审时度势，捕捉时机，随机应变，而不能循规蹈矩，否则就会陷入被动，影响团队乃至企业的整体发展。

第九节 巅峰层次的领导力法则

自然法则描述了在宇宙中的"天意"和秩序,同样,对于管理而言,管理者的领导力法则也是如此。

我曾经听过一个故事。从前有两兄弟——狄克与摩利斯,联手创建了一家公司,想竭尽所能地不断扩张,尝试了各种办法,但始终没有成功。后来他们去世了,公司被一位叫作柯洛克的人收购了,他在接管这家公司后,很轻松地就实现了该公司在全国的扩张,甚至占据了部分海外市场。为什么会这样呢?原因很简单,因为狄克与摩利斯不懂领导力。他们或许是好的创业者,但一定不是好的领导者。

作为一个优秀的管理者,越想发挥更大的影响,就越需要领导力;也想实现更大的目标,也越需要领导力。在职场这个生死战场上,领导力就是你的武器,武器越强大,你在这个战场上开疆辟土的成功率就越高。

前面我们讨论了培养领导力的方法,那么本节就在此基础上,继续探讨领导力法则。

1.影响力法则

成为一个管理者意味着什么?领导力的第一项法则就回答了这个本质性的问题,即一个管理者必须要有心甘情愿的追随者。作为管理者，如果没有影响别人的能力，如果不能取得别人的支持，那么管理和领导也就不复存在了。世人皆知戴安娜王妃，但其实拥有一切的人是她的丈夫，财富、地位、特权以及皇储头衔，然而戴安娜王妃才是那个被全世界人民铭记的人。因为了解影响力法则。

鲍尔将军说："当人们愿意跟随你，哪怕只是出于好奇，都足以表示你已经是一个优秀的管理者，散发出了领导的魅力。"要想衡量一个管理者的领导力，看看他所具有的影响力就知道了。所以无论如何，管理者都一定要有自己的"铁杆粉丝"，否则就不能成为管理者，或者只是徒有虚名的管理者。

作为管理者，必须认识到追随者是必需的也是必要的合作者。尤其在重要的项目安排或会议决策中，你具有的影响力越大，你的追随者越多，你所能得到的支持就越多，也就更容易获得好的发展。因此，作为管理者，关键要取得追随者的注意力。当你选定某个任务时，第一步就得问自己："我需要做什么才能使他们和我保持一致？"或者"谁的支持是必要的？"然后集中心思去取得这些人的支持。

2. 过程法则

一般情况下，人们认为只有具备领导力的人有可能成为优秀的管理者，而那些优秀的管理者一定有独特的领导力。尤其在日常生活中，我们经常会听到有人说"天生的领导人"这样的话，也很少有人会就此提出疑问，这足以可见在我们心目中根深蒂固地认为领导力是与生俱来的。然而事实上，这种说法不仅片面，同样也是错误的，因为没有天生的管理者，真正的领导力需要靠日积月累的实践。

对于管理者而言，培养领导力就像是在股票市场进行成功的投资，不要妄想一夜暴富，但随着时间的推移，你终将会成为最富有的人。曾经有句很流行的话，叫"你的努力还不足以到拼天赋的地步"，这句话很实在，尤其是在管理岗位中，即使真有天生的管理者，也未必能真正混得开，因为管理除了天赋，更重要的日复一日的积累和磨炼。即使是新手管理者，只要你不断地进行管理和领导行为，多思考多总结，谨慎决策大胆执行，那么你的领导力也会平稳提升。因此，作为管理者，与其迷恋什么领导力速成的妙招，不如脚踏实地，认真遵守领导力的过程法则，那么随着实践积累，你终将成为优秀的管理者。

3. 导航法则

一家企业或者一个团队就像一艘大船，在这艘船上每个员工都可以掌舵，但却只有管理者能够制定航线。威尔契说：

"好的领袖会一直专注在焦点上，掌握你的方向胜于被方向掌控。"什么意思呢？简单而言，作为管理者，你需要做的就是找准前进的方向，并带领团队中的每个人前进。

在日常工作中，繁杂而琐碎的事项会一股脑儿地砸到管理者的头上。如果你不懂导航法则，无法厘清重点，那么你就会被这些杂事淹没：你每天都会非常地繁忙，做的每件事情看似也都很必要，但却得不到上司的赏识，甚至他会交给你越来越多琐碎的工作，长此以往，你甚至会拖累你的整个团队，让他们也被迫停留在原地无法获得成长。

因此，作为管理者，你必须时刻牢记导航法则，明白自己的最重要的责任和工作，在纷繁复杂的工作任务中抽丝剥茧，找到最重要的那些，并且优先完成。工作的本质是什么？工作永远是无法做完的，能够完成的只有目标，管理者只有搞清重点，才能从烦琐中抽身而退，真正做到所谓的高效工作。

4. 根基法则

什么是根基法则呢？很简单，就是两个字——信任。信任，是管理者进行管理和领导的基础，也是一切领导力法则的基础。

无论你是个怎样的人，一旦成为管理者，那么就必须将信任二字谨记心中。要做到让下属信任，首先，管理者绝对不能妄想走捷径。信任就像是口袋中的零钱，每次管理者做出一个正确的领导决定，口袋中就会多一些零钱；同样的，每次管理者做出一个错误的决定，口袋里就会少一些零钱。如果管理者不断做出错误的决策，那么当口袋里的零钱用尽的时候，也就是别人离开的时候。

因此，作为管理者，你需要通过能力和魅力来努力获取员工对你的信任，也必须十分珍惜这些信任，因为这些信任是你获取领导力的基础。

其实有关于领导力的法则还有很多，在此我只挑选了个人认为最重要也是最基础的四条。少即是多，作为管理者，在日常的管理工作中，能做到这四条，就已经十分了不得了。

第十节 从优秀到卓越的关键法则——对话和沟通

对于管理者而言，沟通是一切管理开始的起点和基础。糟糕的沟通，意味着你甚至不是一个合格的管理者，但良好的沟通，却可以助你轻松成为优秀的管理者，这足以证明沟通的力量有多强大。

沟通本身就是一门专业，与不同的人沟通，有不同的方式和途径。只是沟通的路径在一开始非常模糊，作为管理者必须学会投石问路，一步一步地将这团迷雾解开。具体如何来做呢？以下几个法则可以作为参考。

1. 法则一：学会借势

在组织内有一个很关键的沟通观念，就是借势。谈到势，我们很容易联想的就是权势，比如垂直权力和水平权力。

垂直权力，这是企业或团队中最典型的权力，因为身份、地位不同而拥有的权力，副总拥有比经理更高的权力，CEO拥有比副总更高的权力。权力的取得，依赖于位阶与职称。而拥有水平权力者，本身并不具备直接调度人力的权力，但因为靠近拥有垂直权力者，能透过各种方式来影响决策，因此而拥有了间接的权力。类似于亲戚、老板的秘书、熟识的同事等，这些人不会在垂直权力架构中出现，但却时时影响着公司的决策。

很多人瞧不起拥有水平权力的人，认为他们就是老板身边的狗腿。但我在前面已经讲过，对任何一个人或事物都不要先入为主、心存偏见，这里也一样，要消除偏见、客观看待这些人。一来，并非所有的水平权力都靠关系取得的，很多人因为自己的专业受到老板的信赖，老板在做决策时多少都会征询他们的意见；二来，不论你喜欢与否，这些人无时无刻都会影响你的工作与方案推进，都是利害关系人，你越不懂跟他们打交道，你就会越辛苦。

看懂权力的结构，接着我们该如何借势呢？垂直权力的取得一般不会那么容易，因此管理者应先将重点放到水平权力的取得或借用。比如，直接获取垂直权力者，如你的顶头上司的信任感，更多地参与、承诺并且说到做到。

比如今天有个重大提案最终要获得总经理的同意才能往下进行，而如果你清楚总经理在决策时往往会征询幕僚 A 跟老臣 B 的意见。这意味着在这件事情上，A 与 B 是具有水平权力的人，若要提高提案的成功率，首先得让这两人支持你，因此先说服这两人就成了一个关键工作。当这两人都认可了你的提案，基本上案子通过的概率就提高了。

当然能混到高阶的水平权力者大多也很清楚自己对垂直

权力者的影响力,并是那么轻易就会为你所用,但不要忘记,他们只是拥有影响决策的权力,自己本身其实不具备直接调动资源的权力,因此他们肯定也会有需要你的地方。若你愿意帮他们解决问题,信你们之间的任感很快就会提升。有了充分的信任,你还担心对方不挺你吗?

2.法则二:上游思维

首先,我们来看一个案例。今天你住在某条河旁,生活所需的用水都依赖这条河,一切都很愉快。没多久,河的上游搬来了另一群人,他们不只依赖河流供给生活用水,还向河川中排废弃物,不道德的行为,直接侵害了你的权益。身为下游的居民,此时你会如何处理这个问题?

这个问题我在不下十个场合提过,以下是我最常获得的答案:一,我会去找他们,告诉他们这样不对,不应该这样做;二,我会搬到他们上游去互相伤害;三,我会请公家单位来处理。

这个案例也可以用在职场上。在工作上,这个上游就像是你的老板或你的合作部门,你是否要喝废水,关键取决于他们。你可能没本事搬到他上游,也不会有公家单位会来帮你处理这个问题。这时,你怎么办?

很简单,只要思考两个问题就可以解决:谁是最迫切想解决此问题的人?谁又是受伤害最严重的人?这两个问题的答案都是下游的你自己，你自己才是在整个过程中最想解决此问题的人，既然如此，那动手解决这件事得到的益处远大于害处。因此，就应该先解决问题，再来优化解法，而不是停留在现况中受苦，等着别人来解决这个问题。

在工作上，多数情况下，我们都没办法善始善终地独立完成一个专案，所有需要跟他人合作的工作，基本上都会有上下游问题。多多了解你的上游，解决上游的问题，其实就是解决你的问题。你的主管、老板就是你的上游，他们直接决定了你要做哪些事，也决定了你做的事的价值。如果你只懂得埋头做事，那你等于将你的工作价值寄托在其他人身上。若在工作前，能先到上游去了解他们的问题，你做无用功的概率就会降低，创造的价值也会更高。

前两个法则，如果你细细体会，就会发现这其中的核心就是同理心。要和他人高效沟通，就必须站在他人的角度思考，首先你得知道对方的处境，也必须知道对方的思维模式与期待。

3. 法则三：复盘

工作上的多数事情都有脉络可循，都有一个最佳的沟通路径。作为管理者，要学会经常进行沟通复盘，诸如：这一次在哪些地方做得好，在哪些地方做得不好？提案成功的原因是什么，失败的原因又是什么？下次应该在哪些地方做修正？

有时我们会情不自禁地放大那些让我们感觉不舒服，但其实发生概率很低的事情，例如老板心情不好，或许你跟他谈话 100 次他也才发过 5 次脾气，但这 5 次的发脾气让你印象深刻，深刻到让你误以为有 50% 以上的概率会碰到老板心情不好。而复盘的好处，就是让你记录下每一次的状况，不至于落入刻板印象的陷阱。

经过复盘后，或许你会得到以下的结论：提案成功或失败的原因中，公司的方针占 40%，表达问题占 10%，简报内容占 20%，政治问题占 10%，缺乏信任感占 15%，而老板的心情只占 5%。当你有了这张表，在沟通上就有了努力的方向，必须要先将自己能控制的部分搞定，所以表达问题、理解公司方针、准备到位的简报内容、建立与老板的信任感等就要尽可能做到 100 分，至于比较难控制的问题，诸如政治问题、老板情绪问题则是尽量要预判并回避的。

一个问题之所以复杂，很多时候是因为我们没有花足够的时间去复盘。对于上司而言，你的所有荣誉与前景就在那么几个关键对话中，一场对话的成败，就意味着你职场生涯的成败。因此学会对话，学会沟通，谁能掌握这场职场较量中的关键法则，谁就能在这场职场较量中取得胜利。成王败寇，也就在此一举。

图书在版编目（CIP）数据

识人的智慧 / 周路平著. -- 南京：江苏凤凰文艺出版社, 2020.7
ISBN 978-7-5594-4786-9

Ⅰ. ①识… Ⅱ. ①周… Ⅲ. ①人才管理学–通俗读物 Ⅳ. ① C962-49

中国版本图书馆 CIP 数据核字 (2020) 第 058310 号

识人的智慧

周路平 著

责任编辑	王昕宁
特约编辑	陈 东 苗玉佳
装帧设计	苏 涛
责任印制	刘 巍
出版发行	江苏凤凰文艺出版社
	南京市中央路 165 号，邮编：210009
网 址	http://www.jswenyi.com
印 刷	三河市海新印务有限公司
开 本	880 毫米 ×1230 毫米 1/32
印 张	7
字 数	120 千字
版 次	2020 年 7 月第 1 版 2020 年 7 月第 1 次印刷
书 号	ISBN 978-7-5594-4786-9
定 价	39.80 元

江苏凤凰文艺版图书凡印刷、装订错误可随时向承印厂调换